WAC BUNKO

トランプの最後通牒 墓穴を掘った習近平

藤井厳喜
坂東忠信

WAC

トランプの最後通牒
墓穴を掘った習近平

目次

第2章 中共の「超限戦」をいかに乗り越えるか

第3章　ポストコロナ時代──チャイナ依存・移民国家の呪縛を解く

日本はなぜ死者が少ないのか？／島国で民度が高かったから死者も少なくすんだ／「有事」と「平常時」の違い／人気低落の習近平を国賓で呼んだら世界の笑い物になる／「天皇に会いたいのなら、尖閣に手を出すな」と主張せよ／毛沢東は対日戦勝記念日を一度も祝ったことがない／習近平国賓来日を忖度した愚／日本経済は大幅に落ち込む／日本が自立をめざすには／日本企業を乗っ取る中国／中国に技術者を戻すのは「ブラック企業」のやること／「アビガン」は外交上の武器／小池都知事再選を許した自民党の責任は大きい／残留中国人と韓国人の定着をどう考えるのか／外国人が国民健康保険に加入するのはおかしい／韓国人の生活保護受給世帯率は跳ね上がる／外国人は標識が読めるのか／日本の治安は維持できるのか／日本の労働市場を破壊する要因にも／風俗業界が一番感染リスクが高い／「チャイナ（依存）ウイルス」からの脱却を／日本は台湾を重視せよ／国連機関は「全世界の奉仕者」ではなく「中国共産党の奉仕者」？／買収し放題の金権選挙が横行／死刑となった政治犯の臓器を売買？／日中友好病院が臓器移植の拠点に／世界は岐路に立たされた

取材協力／佐藤克己　　装幀／須川貴弘（ＷＡＣ装幀室）

序章　コロナと共に始まった「米中熱戦」

藤井厳喜

ミネアポリス暴動は「トランプ再選阻止運動」として全米に拡がった

二〇二〇年五月二十五日、ミネソタ州ミネアポリスで、ジョージ・フロイドという黒人が白人警官デレク・ショービンの暴行を受け死亡しました。白人警官の過剰な対応はそれ自体、犯罪ですが、フロイドさんには銃砲携帯での強盗や薬物所持などの複数の犯罪歴があり、またフェンタエル（麻薬）中毒でもあり、警察にとって要注意人物でした。このことはあまり報じられませんでした。

この事件の抗議活動に端を発した六月のミネアポリスでの暴動は全米に拡大し、あっというまに二十五以上の都市で夜間外出禁止令が出される大騒動に発展しました。暴動は警察に対する抗議活動の域をはるかに超えています。無差別な暴力、略奪は、黒人が経営する店をも破壊しているのですから、「米国社会に対する犯罪」といっていいでしょう。

暴動を拡大させたのは、ニューヨークのビル・デブラシオ市長など、民主党の首長たちの生ぬるい対応が原因でした。トランプ大統領が軍の投入を示唆《しさ》したのは、彼らの暴力デモへの対応が甘すぎたからです。一九九四年〜二〇〇一年にニューヨーク市長を務めた共和党のルドルフ・ジュリアーニ氏はデブラシオ市長に対し、「無能な市長は交代すべきだ」と痛烈に批判しています。

犯罪を抑止するには、「ブロークン・ウィンドウ」（壊れ窓）理論を実行しなければなりません。たとえば犯罪が多い街で、通りに面した建物の一階の窓が割れていて犯罪者が侵入できる状態だったとします。これを放置しておくと、犯罪行為を誘発する。しかし人間は窓を割ることには抵抗があるため、窓を修理しておけば犯罪は減る。犯罪を起こしやすい環境をなくすこと、そして軽い犯罪でもその都度しっかりと取り締まること、それが犯罪増加の防止につながる。この「壊れ窓理論」の実践によって、ジュリアーニ市長は犯罪の少ないニューヨーク市を実現しました。

ジョージ・フロイドの死を「利用」し、デモ隊を暴徒化させ、無法状態をつくり出しているのは、トランプ大統領が「テロ集団」に認定した「ＡＮＴＩＦＡ《アンティーファ》」や「ブラック・ライブズ・マター」（ＢＬＭ）という極左暴力集団です。ＡＮＴＩＦＡとは「アンチ・ファシスト」

の略ですが、彼ら自身が中国共産党や北朝鮮とつながりを持つ極左ファシストです。BLMは、相手が黒人警官でも、警官への暴力を肯定するテロ集団です。

ANTIFAやBLMのとりあえずの目標は、トランプ大統領の「再選阻止」です。暴動によって治安を悪化させ、「法と秩序」を破壊する。そして「人種差別主義者のトランプのせいだ」と世論を誘導する。すると、リベラルメディアがマッチポンプのように、「トランプのせいで米国が分断され、暴力が起きている」という〝デマ〟を流す。そしてトランプの再選を阻止しようというのです。

しかし、米国を分断してきたのは、国益を追求せず、自らの利益のためだけに行動してきた左派リベラルや無国籍企業の経営者、それに追随《ついずい》した政治家・官僚であり、彼らに対する庶民の怒りがトランプ大統領を誕生させたのです。

ロシアゲートは〝オバマゲート〟だった

しかし、トランプ就任前後から、彼の足をなんとかひっぱろうと左派リベラルは捏造報道を繰り返してきました。たとえば、「ロシアゲート」です。でも、これは日本の「もりかけ疑惑」同様に全く実体のない「でっち上げ」事件でした。一連の捜査で明らかになったのは、オバマ民主党政権が米国の民主政治を破壊していたという恐ろしい事実でした。ロシアゲートは実は〝オバマゲート〟だったのです。簡単に説明しましょう。

結論からいえば、ロシアゲートとは、次の三者が共謀してトランプ大統領の当選を阻《はば》もうとし、当選後は大統領を違法な手段で引きずり降ろそうとした非民主的なクーデター謀略でした。

①（二〇一六年大統領選時の）クリントン陣営とオバマ政権
②司法省と、傘下のFBI
③リベラルメディア

三カ月後に大統領選を控えた二〇一六年八月、FBIロシア担当トップのピーター・ストラックは、FBI法律顧問のリサ・ペイジ（二人は愛人関係）とともにトランプ当選を阻止するための「保険」を考えていました。ストラックはトランプ側近のマイケル・フリン元陸軍中将を調査することを決定し、彼の通信傍受を開始します。

十月には、FBIがトランプ陣営の盗聴を開始します。国民を盗聴するには裁判所の許可を得る必要がありますが、そこで利用されたのが元英国MI6のロシア担当クリストファー・スティールが捏造した「トランプ調書」でした。

トランプ調書とは、トランプ大統領が二〇一三年、モスクワの高級ホテルに複数の売春婦を呼び、ベッドの上で放尿プレイを楽しんだという「ゴールデンシャワー疑惑」が書かれていた文書のこと。スティールはトランプ調書に名前が出ているロシアの実業家から名誉毀損で英国で訴えられ、公判中に「トランプ調書はCNNのウェブサイトに投稿された〝噂話〟を載せたもの」と証言し、デタラメであることを認めています。

しかし驚くべきことに、トランプ調書の作成にあたっては、フュージョンGPSというダミー会社を経由し、クリントン陣営と民主党全国委員会から資金が出ていたのです。ライバル候補を落選させるべく、政権与党中枢が捏造調書の作成に加担していたのです。

FBIは裁判所から盗聴の許可を得るため、トランプ調書が捏造だと知りながら「調書の内容はFBIの捜査結果である」とウソをつき資料として提出、トランプ陣営の盗聴を始めたのです。

ちなみに、FBIの上級機関である司法省の役人のなかで二〇一六年の大統領選に献金した人の約九割が、クリントンに献金していたことがわかっています。国民に見えないところでつながる「反トランプ」のエリートたちこそ、トランプが戦っている本当の敵なのです。

大統領選が終わっても、彼らの謀略は続きました。トランプ次期大統領は当選後、マイケル・フリンを次期大統領補佐官に任命します。二〇一六年十二月二十八日、フリンは次期大統領補佐官として、キスリアック駐米ロシア大使と電話会談を行いました。何ら違法性がなかった電話内容は、ジェームズ・クラッパー国家情報長官経由でオバマ大統領に報告されています。

年が明けた二〇一七年一月四日、FBIは違法性が見つけられなかったため、フリンの調査を中止することを決めました。エリートたちの共同謀議は、何の成果も上げられることなく終わるはずでした。

しかしその翌日、オバマ大統領主催の会議で、フリンの調査は続けられることになります。それも、オバマの強い要請で……。

会議の場にいたのは、バイデン副大統領、クラッパー国家情報長官、ブレナンCIA長官、コミーFBI長官、ライス大統領補佐官（安全保障担当）、イエーツ司法省副長官など、オバマ政権の主要人物ばかりです。

ところが、現在のバー司法長官が公開したイエーツ女史のメモによって、衝撃的な事実が判明します。オバマは会議後、イエーツとコミーだけを残し、「自分は今後、フリンの調査に一切関与しない。しかし今後の捜査の展開を知りたい」と念を押したのです。

つまり、オバマは「自分は責任をとらないが、フリンを罪に陥《おとし》いれろ」と命令したに等しいのです。――ロシアゲートの黒幕は、オバマだったのです。イエーツ・メモが公開されたあと、トランプ大統領がツイッターに「OBAMAGATE！」と投稿していた理由もここにあります。

トランプ大統領就任直後の一月二十四日、オバマの命令によってホワイトハウスにFBIの担当者（ストラックを含む）が訪問し、大統領補佐官となっていたフリンを尋問します。このとき、担当者はフリンに対して、「あなた自身が捜査対象ではないので、弁護士を同席させる必要はない」と語り、油断させました。しかし捜査官の事前の会話記録が残っており、この尋問は「フリンに偽証させ、偽証罪で起訴しよう」というワナであることが判明します。尋問でフリンは、ロシアゲートが蒸し返されることを嫌い、キスリアック大使との電話会談の存在を否定しました。その結果、フリンはモラー特別検察官によって起訴されたのです。

FBIが尋問する際、本人が捜査対象であることを知らせないのは、それ自体が違法行為です。違法捜査であることが判明したので、現在のバー司法長官がフリンの起訴を二〇二〇年五月に取り下げた――。これが今回明らかになった事実です。

チャイナによる謀略

こうした一連の動きからも明らかなように、トランプ再選を妨害する布石は着実に打たれてきました。しかし、本編でも詳述しますが、中国共産党は、あらゆる手段を使い敵国に戦いを仕掛ける「超限戦」の一環として、ＡＮＴＩＦＡやＢＬＭを使って、今回の暴動を煽動している可能性が高いのです。

二〇二〇年五月二十八日、チャイナは香港の自由と自治を圧殺する「国家安全法」を武漢ウイルス騒動で延期になっていた全人代（全国人民代表大会）で決定しました。そして天安門事件の三十一周年も六月四日に迫っていました。中国共産党が、国際社会の目をそらすため、米国の人種暴動をカゲで主導していたとしても不思議はありません。

実をいうと私は、武漢ウイルスが武漢で流行したあと、チャイナはウイルスを意図的に海外へ流出させたのではないかと推測しています。武漢ウイルスが国内で封じ込められていれば自国経済だけが悪化し、チャイナ企業が世界のサプライチェーン（供給網）から外されてしまう。それを恐れた習近平が、世界経済を道連れにしようと考えたのではないか。そうすれば、トランプ政権によって順風満帆だった米国経済も悪化します。そうすれば、トランプ再選を阻止できます。

トランプ大統領にとって米国経済を立て直したことは、大統領選で最大の実績になるはずでした。実際に二〇一九年九月、三・五％という五十年ぶりの低水準を記録した失業率は、二〇二〇年になってもその歴史的低水準を維持していました。しかし武漢ウイルスのショックで、二〇二〇年四月に失業率は戦後最悪の一四・七％に上昇してしまいました。

武漢ウイルスによってトランプ大統領の実績を潰そうという企《たくら》みは、成功したかにみえました。

　ところが、五月の失業率は十三・三%、六月の失業率も十一・一%と回復の兆しをみせ、経済は回復傾向に入りました。米国は武漢ウイルスに勝利しつつあったのです。さらに前述したロシアゲート事件でトランプ大統領の完全無罪が証明されたこともあり、五月十七日に発表されたギャラップ社の世論調査では、トランプ大統領の支持率は就任以来最高の四九%を記録していました。

　そんな状況で発生したのが、ミネアポリス暴動だったのです。暴動でトランプ大統領の支持率を急落させる。さらに暴動で人が集まれば密集・密接になり、武漢ウイルスの第二波を誘発させることができる。ちなみに、言わせてもらえば、チャイナこそ世界最大の人種差別国家です。チベット、ウイグルでの蛮行はいわずもがな、武漢ウイルス騒動では国内にいたアフリカ系黒人が病院で診察してもらえないという差別もありました。

　米国にしてみれば、間接侵略、グレーゾーンにおける戦争を仕掛けられているといっていいでしょう。ミネアポリス暴動は、何としても民主党のバイデン候補を大統領に当選させたいチャイナによる、トランプ再選阻止をめざす謀略の〝新たな一手〟だったのでしょう。

シアトルの無法地帯

暴動はエスカレートし、六月八日、米シアトル市内の六区画が、テロリストが支配する無法地帯と化しました。同市のジェニー・ダーカン市長（民主党・女性）がＡＮＴＩＦＡなどのテロリストに妥協的で、市中枢部から警察を引き揚げてしまい、六区画が極左暴力の支配する異常世界となってしまったのです。民主党左派のダーカン市長は反トランプの急先鋒で、あらゆる犯罪が蔓延している無法地帯を放置してみせたのです。

そして、ミネアポリス暴動によって、オバマ政権の汚れた実態が国民の目からそらされることは、当時副大統領を務めていたバイデン候補にとっても有り難いことです。暴動が発生したあと、少なくとも十三人のバイデン陣営のスタッフが、暴動で逮捕された人間の保釈金のために献金していることも明らかになっています。

繰り返しになりますが、トランプ大統領が戦っているのは国民の敵と化したエリートたちであり、彼らの内実を知る国民も一定数存在しているからこそ、トランプ政権の支持率は盤石なのです。そして相変わらず日本のマスコミはこうした現実を伝えず、米国のリベラルメディアの反トランプ報道を垂れ流すばかりです。日本にとって死活的に重要なトランプ政権の対中政策についても、真実を伝えているメディアはほとんどありません。

習近平の合理的な判断？

チャイナが全人代で決定した国家安全法により「一国二制度」は崩壊し、香港はほかのチャイナの都市とまったく同じ扱いを受けることになりました。一九九七年、英国が香港を返還したとき、チャイナは二〇四七年までの五十年間、一国二制度を堅持すると約束しました。しかし返還から二十三年、習近平は恥も外聞《がいぶん》もなく堂々とその約束を反故《ほご》にしたのです。

一国二制度の崩壊は、香港の「法治」が失われることを意味します。香港にお金を預けている外国人投資家は、その資産をいつチャイナに没収されてしまうかわからなくなります。法治が失われることは、金融センターとしての香港も失われることを意味します。

習近平は、なぜ愚かな選択をしたのか——そう思われる方もいるでしょう。しかし、彼にとってはそれは合理的な判断だったはずです。

香港は習近平と対立する江沢民派の牙城《がじょう》です。さらに民主派による反発も収まる気配がありません。つまり習近平は、金融センターとしての香港を失うことよりも、江沢民派や民主派を潰すことのほうが優先課題だと考えたのです。逆説的にいえば、これほどまでに江沢民派との権力闘争が激しいことを意味しています。

いま習近平の頭には、毛沢東の姿が浮かんでいることでしょう。かつて毛沢東は大躍進政策の失敗により、数千万人規模の餓死者を出しました。経済を崩壊させ、経済発展路線を取る劉少奇や鄧小平に一時的に権力を奪われても毛は失脚することはなく、文化大革命によって権力を取り戻したのです。

将来的にチャイナは閉鎖的な社会主義へと逆走し、米国をはじめとした自由主義国からはデカップリング（分離）されるでしょう。しかし一帯一路で属国化したパキスタンなどと経済圏を構築し、それなりに生き延びようとするはずです。それが習近平路線です。

国際的な影響力は失われることになっても、米国との軍事衝突に敗れるといった決定的な敗北がない限り、中国共産党独裁体制の崩壊にはつながらない。軍とプロパガンダ機関さえ押さえていれば、経済が衰退しても自分が失脚することはない――毛沢東の生涯を回顧しながら、習近平はそう確信しているに違いありません。

歴史的なトランプ演説

全人代が閉幕した翌日、二〇二〇年五月二十九日、トランプ大統領がホワイトハウスのローズガーデンで行った演説は今後、「歴史的な演説」として人々の記憶に残るでしょう。

トランプ政権はこれまで、二〇一八年十月四日、二〇一九年十月二十四日の二回の「ペンス演説」でチャイナ政策の基本姿勢を示してきましたが、今回の演説は米中対決時代を決定づける画期的なものでした。

この演説を理解しないと、日本の外交は道を誤ることになるでしょう。演説は次の四点に集約されます。

1　WHO（世界保健機関）からの脱退

トランプ大統領はチャイナが武漢ウイルス問題を隠蔽《いんぺい》し、その対応を誤ったことで世界中に被害を拡大させたという事実を述べ、チャイナがWHOへの報告義務を怠《おこた》ったばかりか、WHOに圧力をかけ、世界を間違った方向へ導いたと指摘しました。

また米国は、チャイナの十倍以上の拠出金を提供しているにもかかわらず、WHOはチャイナの支配下にあり、米国が望むような改革を実行しないことが明らかになったため、「今日をもって米国はWHOを脱退する」と宣言しました。

チャイナが「ウイルスが武漢から拡大した事実」を否定しようとしているなかで、トランプ大統領がハッキリと「武漢ウイルス」（Wuhan Virus）という言葉を使っていることも特筆すべき点です。

2　サプライチェーンからのチャイナ排除、産業スパイの根絶

独裁国家であるチャイナは軍部と民間のあいだに明確な区別はなく、留学生や研究者を使い、軍民一体となって外国から知的財産を窃盗し続けています。そこでトランプ政権は、人民解放軍と関係があるような留学生や研究者を完全に排除する方針を打ち出しました。また司法省とＦＢＩはこのような知的財産窃盗や産業スパイ、ハッキングなどを徹底して取り締まり、犯罪者を訴追する方針を決定しました。

3　金融市場からのチャイナ企業追放

トランプ大統領は演説の冒頭で次のように述べています。
「何十年にもわたって、チャイナは米国経済を搾取してきており、その酷さは歴史的な前例がない。チャイナと取引することによって、毎年何千億ドルもの富が失われ、特にその傾向はわれわれの前の政権（オバマ政権）で顕著だった」

チャイナの法律により、チャイナ企業は会計報告（貸借対照表：バランスシート）を外国に公開しないことになっている一方、米国で上場するには透明性の高いバランスシートの公開が求められます。これまで多くのチャイナ企業は、バランスシートをごまかして米国市場に上場してきました。これは米国市場に上場している最大のチャイナ企業、アリババ

も例外ではありません。

米国の上場基準では認められなかったチャイナ企業が、なぜ上場できたのか。それはチャイナブームに乗ってカネ儲けを企んだウォールストリートの金融資本の悪事を、ビル・クリントン、息子ブッシュ、オバマの各政権が野放しにしてきたからです。チャイナは違法上場や債券販売によって膨大なドルを手に入れ、経済大国へと成長したのです。

トランプ大統領は金融市場改革大統領作業部会に対し、上場しているチャイナ企業が米国の法律に基づいて活動しているかどうかを調査するように命じました。今後、チャイナが米国金融市場で資金調達することは不可能になります。米国は投資家を保護し、公正性と透明性を要求すると主張していますが、これは極めて正しい政策です。

というのも、国民の資産である年金基金は投資によって運用されています。年金基金の一部がチャイナ企業へ投資され不正利用されることは、米国民の大切な資産が敵国の経済力・軍事強化につながることを意味します。それだけでなく、ただでさえ武漢ウイルスによってチャイナ経済の先行きは明るくありません。いまチャイナ企業に投資することは、純粋な運用失敗につながる可能性もあるのです。チャイナ投資は二重の意味で回避しなければなりません。

4 「国家安全法」制定への制裁

トランプ大統領は、香港の「最恵国待遇」の取消を行政府に指示しました。米国は米中貿易戦争でチャイナに高関税を課していますが、香港は最恵国待遇があるため通常関税のままでした。つまりチャイナ企業は、香港を抜け穴に米国へ輸出することができていたのです。また米国がチャイナに利用を禁じている特許も、香港企業には与えられていたのです。しかし最恵国待遇取消により、チャイナ企業は香港という抜け穴を使うことができなくなったのです。

最悪の場合、米国はチャイナ・香港の金融機関にドル取引を全面禁止する可能性すらあります。ドル取引ができないということは、北朝鮮のように世界経済から完全に追放されるということです。

人への制裁も実施されます。制裁の詳細は演説で語られませんでしたが、香港の自由を弾圧した政府関係者の米国への入国禁止、彼らが保有している在米資産の凍結・没収などが考えられます。チャイナの政府関係者は相当な資産を海外に持ち出しており、在米資産も多いと伝えられています。彼らにとって大ダメージになるでしょう。

またチャイナは米国債を一兆一千億ドル保有していますが、トランプ大統領がチャイナを正式に「敵国」と認定すれば、これを凍結することも可能です。そうなれば、チャイナも国内の米国企業の資産没収に動くでしょう。これは武器を使用していなくても、経済的には完全な〝戦争状態〟といえます。武漢ウイルス問題と香港の一国二制度の崩壊によって、米中対立は確実に〝冷戦〟(Cold War)から〝熱戦〟(Hot War)へと移行したのです。二年前にワックから上梓した石平さんとの共著『米中「冷戦」から「熱戦」へ　トランプは習近平を追い詰める』の書名通りに国際政治、米中関係は動いて来たのです。

さらに決定打となったのが、七月二十三日にポンペオ国務長官が行なった反チャイナ、反習近平のスピーチでした。ポンペオは習近平を、マルクス・レーニン主義という「破綻した全体主義を未だに信奉する独裁者」と呼び、中国共産党との妥協や共存が有り得ない事を強調しました。

親中派という病

ところが、日本にはこの現実を否認するエリートが少なくありません。現実を受け入れたくない〝否認の病〟とでもいえましょう。社会の急速な変化に着いていけない人は思考停止状態に陥《おちい》り、現実を受け入れることができない。これは一種の精神的な病理です。ちなみに「アルコール依存症」は「否認の病」と呼ばれています。「自分がアルコール依存症である事を認めない」のが「アルコール依存症」という病気なのですたとえば、米中対立激化で、チャイナで製造し米国に販売している日本企業は、そのビジネスモデルが機能しなくなります。経営者が「米中対決は一時的なもの。穏健な米国大統領に代われば元通りになる」という非現実的な〝願望〟を抱いているとすれば、それはあまりに軽薄です。しかし大局観を持たず、目先の金銭的利益にとらわれてチャイナ・ビジネスを拡大させた日本経済界のリーダーの多くが、この「否認の病」を患《わずら》っているのです。

経済界だけでなく、政治家、官僚、マスコミ……否認の病は日本社会に蔓延しています。その前提に、政財官界では親中派が主流という現実があります。指導層が世界情勢を受け入れられず、日米同盟を強化するという決断ができない。いや、いまだに「両国とうまく付き合う」という戯言《たわごと》をいう人さえいます。次期総理候補といわれる石破茂さんなどもその一人です。

いまや「日中友好」という甘言は、見たくない現実から目をそらすための違法薬物です。過去が美しく見えようとも、それはノスタルジーにすぎない。わが国が生き残るには、一人でも多くの日本人が「否認の病」から脱却しなければなりません。現在の日本が「日中友好」路線を歩むことは、かつての日独伊三国同盟の過ちを繰り返す事になる。ナチス・ドイツとの同盟が日本を亡ぼし日本の名誉を傷つけた事を忘れてはならない。

『在日特権と犯罪』（青林堂）などで知られる元警視庁刑事（通訳捜査官）の坂東忠信さんと

のこの対談は、野蛮な独裁国家の覇権獲得を防ぎ、日本を、いや人類を明るい未来へと導くための「知的武装」のための一冊となりうると確信しています。なお私は国名としては「中国」ではなく「シナ」という名称を用いるべきだと考えていますが、出版社の助言に従い、「中国（チャイナ）」としたことをお断りしておきます。

第1章

武漢ウイルスは「生物兵器」だった⁉

許せない悪徳商人・中共指導者たち

――武漢ウイルスが世界に蔓延して半年以上が経過しました。感染者は一千六百万人を越え、死者も七十万に達しています（二〇二〇年八月一日）。南半球が冬に入り、この数字はますます加速していきそうです。まずは総括というか中間報告をお願いします。

藤井　チャイナは、二〇二〇年六月七日に、武漢ウイルスに関する「白書」を出しました。その中で、これまでの対策を正当化し、「中国が比較的短期間に蔓延を抑制したのは共産党（習近平）の強力な指導による」と自画自賛しました。初動の遅れや情報隠しが世界中の感染拡大を招いたという国際社会からの批判に反論し、「中国はウイルスの被害国で、世界的なウイルス対策の貢献国。公正な対応を受けるべきであって非難されるべきではない」と主張。国際社会に情報を適時公開したという立場を繰り返した上で、「中国に汚名を着せることや政治化に断固反対する」とトランプ米政権を牽制もしてみせました。賠償請求も「絶対に受け付けない」と退けました。よくもまぁ、ヌケヌケとこんな嘘八百を書けるものだと呆れます。

事実はどうだったか？

まず、二〇一九年の十二月、自国で感染が広がり始めていた時、医薬品の輸入量を増やすとともに、マスクや防護服、人工呼吸器など医療物資の買い占めを世界中で開始、その一方で、一段落すると事実上、高価格で転売したり売り惜しみをするなど非常に悪質なことをしましたね。

二〇一九年一二月の時点で、今回の「武漢ウイルス」は「人から人への感染」をする危険な病気だという事をチャイナ側は分かっていた。それをすぐにWHOや、世界に知らせず、その情報を隠蔽しておいて、そういう非人道的なことをやってのけたのです。または、「マスク外交」と言われるような形で支援物資を贈っては見返りを要求もしました。悪徳商人そのものでした。

それでも、「自分たちは悪くない」ということであれば、濡れ衣を晴らすためには、すべて情報公開をすべきです。それもしないで、「中国に世界は感謝すべきだ」とか、訳の分からないことを言っている。

坂東　世界中でどれぐらいのマスクを中国政府が買い集めたと思いますか。一月二四日から二月二九日までの間に世界で買い占めたマスクは二二億枚ですよ。企業レベルでも調達させています。アリババでは一〇億元の特別基金を創設してマスクなど医療品を購入していた。

そのほかに、世界中に百八十三ある中国の商工会、華人商工会、商工会議所が動き回って、概算ですが、マスク一〇二二万枚、医療用手袋キット九六万四〇〇〇双、それから、医療用防護着一三万四九〇〇着、医療用ゴーグル四九八〇個、消毒液五〇〇トンを買って、北京中央政府に送ったといわれている。

そのうえで、おっしゃる通り、中国共産党は「武漢ウイルス」を世界中に拡散させ、感染国にマスク不足を発生させて、買い集めた医療物資を販売し、寄贈した。そして中国に感謝しろ、ということを公言してみせた。

そこで、もしかすると中国は世界の国家生命権みたいなものを握って、国際的な優位性を得ようとしているのではないかという不安を諸外国は持つにいたりました。しかも、安倍総理が国民に配布した、洗えば何回も使える布マスクについても攻撃対象にしているのです。そのマスクが国民に出回ってしまったら、中国の思惑が外れてしまうからです。ですから、布マスクは効果がないと喧伝したりしましたね。日本でも一部報道機関がそんな主張をした。でも、そんなことはありません。確かに網目は不織布《ふしょくふ》に比べて大きいわけですが、ウイルスは超微細粒子で、空中を飛んでいるときに「ブラウン運動」と言って微細振動しながら浮遊するのだそうです。この振動により布マスクの網目でもウイルスが引っ掛かったりするわけです。

ところで、中国のマスクですが、中国人は儲かると思ったらすぐに製造機械を導入して作り始めていますが、もともとマスクを製造してきた会社ではないので、飛んできたハエや髪の毛が一緒に巻き込まれて「ハエサンド髪の毛入りマスク」が出来てしまう（苦笑）。既にこれが出回っていてネットにアップされていました。

藤井　マスク作りは基本、無菌室でなければいけないのに全然、中国では守られていません。そんなことに関係なく中国の新規参入業者は埃まみれの工場内でマスクを製造しています。当然、汚いマスクが完成するのです。そもそも中国ではマスクを製造している作業員がマスクをしていませんからね。イタリアは中国からの支援物資を最初は大喜びしていましたが、不良品が多くて結局はチャイナにつき返しました。しかもチャイナ製のコロナウイルス検査キットは全然、当てにならないとして、援助を受けたほかの国（スペインなど）もチャイナに返品したようです。

坂東　とくに医療関係品について中国製は使えないものが混じっているということですね。中国のこうしたやり方は組織的、計画的なものでなくとも、中国人自身が儲けたいその一心で、買い手のことなど考えず商売を始めてしまう民族だということです。中国はそういう方向に行ってしまうのです。

中国の人口は多いですから、経済が本格的に動き始めると一気に日用品や食料品の需要が高まり、そうした商品は不足気味になることが予想されます。その時、日本で食料や日用品を調達して中国で販売したら儲かると考える中国人が絶対に出て来ます。すると、マスク同様に日本でそうした商品が品薄となって、モノによっては店頭から消える事態になりかねない。さらに言えば民間レベルでの買い占めが進行して値段が上昇することも考えられますので、今、こういう懸念を認識して政府はキチンと先手を打つべきです。既に米中ともに戦争を見越しているかのような動きが出ていることから、最悪の場合、こうした事態が半年か、一年後には来る可能生があります。

三人の不可解な死亡事件――「ゴルゴ13」の世界

藤井　ともあれ、冒頭、申し上げたように情報隠蔽があったのは確かです。それに関連してピッツバーグ大学医学部准教授の中国研究者・劉兵《りゅうへい》氏が、「武漢ウイルス」研究で近く重大な研究発表をすると言われていたのですが、理由は分かりませんが五月二日に突然、殺されてしまいました。その後、犯人と思《おぼ》しき中国人が、クルマで自殺しているのが発見されたのです。この二人の間で、何かトラブルがあったのかも知れません。正確な事は不明です。

　これは私の大胆な推測ですが、「武漢ウイルス」に絡んで、中国にとっては不都合な重大な発見をして、その発表が近づいていたので、中国共産党は劉兵氏の知人の中国人に殺しを依頼した。そして最後に、その事情を知っているこの知人も口封じをした、というシナリオです。これには何の確証もなく、私の勝手な想像ですが……。

――「ゴルゴ13」の世界ならありそうですね。

藤井　それに関連して思い出すのが、スタンフォード大学物理学教授の張首晟《ちょうしゅせい》氏です。この教授は二〇一八年十二月一日に自殺したと報道されました。この教授は量子コンピューターの開発者で、同時に、5Gに関連する最先端技術の開発研究に深く関係していたようです。しかも中国がアメリカ企業を買収する時の投資窓口にもなっていました。この人が突然、投身自殺したわけです。これも謎です。

それから、アイリス・チャンですが、二〇〇四年に自家用車内で拳銃自殺をしました。チャン氏の両親は中国人民解放軍から逃れて台湾に亡命した後、一九六二年にアメリカへ移住しました。そしてチャン氏はイリノイ大学ジャーナリズム学部に進学して、いま武漢コロナ感染者の集計先としても有名なジョンズ・ホプキンス大学院に学び、ジャーナリストとして活躍後に二五歳の時に作家デビューします。一九九七年一一月に『ザ・レイプ・オブ南京』という「南京大虐殺」を取り上げた本を出版します。日本軍が南京市民三十万人を虐殺したなどという内容になっており、いろいろな研究者やジャーナリストから批判を受けました。

それで、チャン氏自身が資料を見直していく段階で、「どうも私はニセ資料を中国から渡されて、書いてしまったようだ」と気づき始めたようなのです。絶対に日本軍が悪いと思っていたが、ちゃんと調べていったらそうではないようだと。だから、チャン氏の発言がブレていくようになった。それでチャン氏は消されたのではないかなと、私は思っているのです。が、ただこれも私の勝手な推測であって、確証があって言っているわけではありません。ほかにチャン氏に自殺理由があったのかもしれません。真相は藪《やぶ》の中です。

ただ誤解しないようにフォローする意味で言っておきますが、私はピッツバーグ大学の劉兵准教授が殺されたとは断定はしません。個人的な悩みがあって死んだという情報もあります。それからアイリス・チャンも自分の先行きを悲観して自殺したのかも知れません。スタンフォード大学の張首晟先生もうつ病の傾向があったと言われています。自分で命を絶ったかもしれないのです。

坂東　しかし、いずれの案件も話が出来過ぎていますよね。

台湾からの通報を無視したWHO

藤井　また、少し話は長くなりますが、今回の「武漢ウイルス」で隠蔽したということでいうと、李文亮《りぶんりょう》という眼科医がいました。二〇一九年一二月三〇日SNS（Social

Networking Service）のチャットで武漢市の「華南海鮮市場で七人のＳＡＲＳコロナウイルスが確認された」と発信し、その後、公安当局に「デマをネット上に流し市民を不安に陥れた」として、警察に呼び出されました。そして懲戒書に署名し訓戒処分を受けました。賭マージャンの黒川検事長も「訓戒」でしたが、李さんはクビにはならず、その後、医療の現場に戻り「武漢ウイルス」と戦いつつも、不運なことに自分自身も感染して二〇二〇年二月六日に亡くなっています。ということは一二月末の時点で当局は、恐ろしい「武漢ウイルス」が国内で広がりつつあることがハッキリわかっていたのです。

さらにいうと、二〇一九年一二月三一日に日本では厚生労働省にあたる台湾の衛生福利部の疾病管制署がＷＨＯに警告メールを書き送っています。台湾は親切にも今、中国では新型コロナウイルスが流行していて「人から人への感染がある」と警告したのです。台湾はＷＨＯから追い出されたにも拘らず人道上の立場から、大事な情報を摑んだということでＷＨＯに通報しました。それなのにＷＨＯは中国の顔色を窺ってこの警告を無視したのです。

その日から台湾は武漢市からの入国者全員に対して機内で、検疫を始めています。そして、武漢市が封鎖される前の二〇二〇年一月二二日には武漢市との団体旅行客の往来を禁止し、一月二四日には対象を中国全土に広げ、一月末日迄に全てのチャイニーズの入国を禁止しました。このように素早い対応が功を奏して、台湾での死者は数名程度にとどまっています。現在、台湾ではレストランをはじめ、ナイトクラブまで通常営業をしています。新規感染者もほぼゼロです。二〇〇三年に発生したSARSで台湾は酷い目に合っていて、その教訓が生かされて、今回の「武漢ウイルス」対応が早かったのです。

かくも、台湾の政治、軍事、衛生健康面で対中インテリジェンスは非常に進んでいます。一二月末時点で、台湾の担当者は「武漢ウイルス」の怖さに気付いていたのですからたいしたものです。二〇二〇年三月になってやっと中国全土からの訪日をストップした日本とは大違いです。

中国当局者も間違いなく一二月時点で「人から人へと感染する」恐ろしいウイルスであることを知っていた。そして一月七日の中央政治局常務委員の会議で習近平は「この件で指令を出している」と話しています。だけど、中国が「人から人への感染がある」と認め公表したのは一月二〇日です。中国国家専門家チームのトップ鐘南山氏が国営中央テレビの番組に出演して明らかにしました。

坂東　WHOも「人から人への感染がある」ことを知っておきながら、中国が正式に認めるまで、世界に知らせなかったわけですね。事務局長のテドロスと習近平は同じ穴のムジナというしかない。

人工ウイルスの証拠は隠蔽隠滅された？

藤井　武漢ウイルス研究所から漏れたかどうか、それは今後の研究を待つ必要があるでしょうが、エイズウイルス（ＨＩＶ）を発見して二〇〇八年にノーベル生理学・医学賞を受賞したフランス人学者のリュック・モンタニエ博士が今回の「新型コロナウイルスは人為的なものであり、武漢の研究所で作られたのだろう」と述べています。

　また、日本の松本サリン事件の解明にご尽力いただいた台湾出身でアメリカのコロラド州立大学名誉教授の生物兵器・化学兵器専門家・杜《と》祖《そ》健《けん》氏が三月に来日し大変、注目すべき発言をしています。まず、「世界の専門家の間では人工的なウイルスだろうという意見が多い」としたうえで、今回の「武漢ウイルス」は「ＳＡＲＳウイルスに手を加えたのではないかという論文が出た。ＳＡＲＳに近いウイルスだが、分子に四つの違いがあり、自然にできる違いではない」と指摘したのです。さらに「間接的な証拠から武漢の研究所から漏れたというのが、最も適当な説明だろう」と述べ、「武漢ウイルス研究所で焼却処分されるはずだった実験動物を裏で転売して漏れたということもあり得る」と証言しました。そして、中国軍機関紙「解放軍報」は一月三十日、人民解放軍陸軍の生物兵器専門家（陳薇陸軍少将・生物化学兵器のトップ）を武漢に派遣したと報じましたが、杜博士は「感染症を抑えるためには医学の専門家を送るべきなのに、生物兵器の専門家を送っている」と批判しました。たしかにおかしな事です。

私は、陳薇が武漢病毒《ウイルス》研究所の証拠を完全に証拠隠滅したと思います。これは推測で言っていますが、状況証拠から考えてその可能性は高いと考えています。

坂東　私もすでに証拠は隠蔽や隠滅が図られた可能性が高いと思います。今後は関係者の「内部告発」があるかどうかでしょうね。

藤井　さらに重要な事を言っておきます。実はアメリカから「武漢ウイルス研究所」に相当な研究資金が流れていたという事実です。二〇一五年にアメリカ国立衛生研究所はコロナウイルスの研究委託費として武漢ウイルス研究所に六年間で三七〇万ドルの資金援助をしていました。それ以外にもコウモリのコロナウイルス研究のために、それとは別に三七〇万ドルを拠出していたようです。

ウォールストリートジャーナルの記事にありましたが、ウイルス株の標本が武漢ウイルス研究所からテキサス大学へ送られ、研究委託金としての資金が逆に武漢ウイルス研究所からテキサス大学へ流れたようなのです。資金を受け入れてはいけない、ということではないのですが、アメリカは外国から資金が国内企業や研究機関に流れる場合、政府に届けなくてはいけません。それが届けていなかったのです。現在、この件でアメリカ連邦教育庁が検査に入っています。

ただ、アメリカの研究所が行っているウイルスに関するワクチンなどの治験結果、さらには発見内容が中国に流れて利用されてしまう危険性がありました。

それだけではなくて、オバマ大統領時代にホワイトハウスの科学技術政策室から二〇一四年十月まで補助金が、武漢ウイルス研究所に出ていたことも分かっています。

坂東　この時代、アメリカと中国との関係は危険なくらい「密接」でした。ハリウッド映画でも中国人には悪役をやらせなくなりましたし、必要以上に主要な役柄に中国人キャラクターが配置されていたのを感じていました。だから中国人に対する意識が変わり、警戒心が薄れて各方面に中華人脈が浸透した結果、アメリカが中国からの入国を規制するまでの間にあちこちに広がってコロナ感染者が、世界の中でアメリカが一番多くなったのかもしれませんね。

「武漢ウイルス」は国防マター

藤井　ともあれ、この問題を中国は国防問題として対処していることになります。どの国でもそうですが、今回の「武漢ウイルス」は国防マターになっているのです。単なる伝染病の問題ではありません。

それから、インド人の研究者がウイルス構成に人工的なものがあることを明らかにしました。遺伝子で人間が人為的に差し込んだ配列があるというわけです。人工的なアミノ酸配列が発見されたことを勘案すると、どうも、この「武漢ウイルス」は人為的につくられたものではないかという疑いが強い。そのようなことを言っている研究者は他にもいます。

二月六日にホワイトハウスの科学技術担当部門が今回の「武漢ウイルス」発生について学術団体に研究を依頼しました。つまり自然に出来たウイルスではなく、生物化学兵器ではないのかとの思いがあるのです。アメリカ議会でも生物兵器だと指摘している議員が随分います。

さらに二月一一日にアメリカのエスパー国防長官が海軍と海兵隊にパンデミック（世界的大流行）対策の準備をしろという命令を出しています。命令したらすぐに対策を実行できるように準備をしておくことが目的です。

二月一二日、ファイナンシャルタイムズの発表ですが、ピーター・ナヴァロ大統領首席補佐官（アメリカ政府の対中経済戦略の中枢を担っている）が、中国からの医薬品、医療品について輸入制限を検討することを明らかにしました。メイド・イン・レッドチャイナのマスクや他の医療品への依存は、アメリカにとって危険です。アメリカは中国への依存はやめる方針です。パンデミック対策として他国を頼るのではなく国内産を増やそうということです。

坂東　日本も見習うべきところですね。日本より切るに切れないつながりがありそうなところ、その切断を決断出来たのは、ほぼ完成されていた政界の中華人脈にしがらみが少ないトランプ大統領だからでしょう。米民主党政権のままヒラリーさんが大統領だったら、こうは行かなかったと思います。

カギを握る「コウモリ女」の動静

藤井　先の武漢ウイルス研究所で有名なのが、石正麗《せきしょうれい》研究主任です。コウモリ由来のウイルス研究では世界的な第一人者で、この女性研究者が今回の「武漢ウイルス」を作った張本人ではないかと疑われています。石氏は大学で遺伝子工学を学んだあと、中国科学院傘下の武漢病毒《ウイルス》研究所に入りその後、フランスのモンペリエ大学に留学して博士号を取得して再び武漢病毒研究所に戻り勤務していました。そして、SARSの発生源の究明で多大な業績を上げたのです。各地のコウモリを採取して体液を分析してSARSウイルスの起源がコウモリであることを世界で初めて証明したわけです。

だから、彼女は、「コウモリ女（バットウーマン）」という渾名《あだな》で呼ばれるようになりました。また、石氏の研究チームは、今回の新型コロナウイルスをいち早くコウモリ由来である可能性が高いと一月に発表していました。しかし、石氏はこのウイルスが流行し始めた時に「自分の研究所（武漢ウイルス研究所）から流出したのではないかと、心配になり調べたがそうではなかった」（『サイエンス』Ｓｃｉｅｎｃｅ）と書いています。そして、二月初旬にＳＮＳで「新型コロナウイルスは自然が人類に与えた罰であり、自分の命をかけて研究所から流出していないと証言する」と述べています。

この石氏は、二〇一五年にアメリカのノースカロライナ大学の教授と二人でコウモリウイルスが変異するとＳＡＲＳウイルス治療薬が効かない新種のウイルスが誕生することを、『ネイチャー』の姉妹誌に公表しています。以前、坂東さんが指摘したようにコウモリ由来のウイルスをネズミに感染させて、遺伝子操作で新しいウイルスを作ったという論文も石研究員は書いています。

この石氏に関しては一時、フランスのアメリカ領事館に亡命申請しているというニュースが流れました。ところが、どういうわけか、五月に突然、中国国営中央テレビ（ＣＣＴＶ）の国際放送組織「中国グローバルテレビネットワーク」に登場し、彼女のインタビューが報じられました。

そこでは、昨年一二月三〇日に感染者の検体が研究所に持ち込まれたものの、それが「我々が知っているウイルスの配列と違うことが証明」されたとして、研究所からのウイルス漏洩をあらためて否定しました。しかし、この突然のインタビュー報道の真相は分かりません。実はアメリカに亡命したのは石氏ではなく、香港大学の閻麗夢《えんれいむ》という女性研究者でした。また、石氏とこの研究所で一緒に研究していた周鵬《しゅうほう》研究員はすでにアメリカに亡命していると観測されています。

　この周氏は自然免疫を克服したコウモリの変異したコロナウイルス株「スーパー病原体」を開発した人物です。

坂東　CNNニュースで今回の「武漢ウイルス」は武漢病毒研究所から流出したものではないと報じていましたが、アンチトランプの急先鋒のメディアですから、あまり信じない方がいいと思います。

湖北省で対ウイルス演習を実施していた

坂東　中国は今回のウイルスはアメリカ軍が中国に持ち込んだのではないのかなど、責任を転嫁しようとしていました。しかし、我々としては、ウイルスのみならず、そういう中国のデマ宣伝の数々を予め封じ込まないといけない。

　そこで、いくつかの状況について検証していきたいと思います。まず、第一に去年の九月一八日に湖北省の天河空港で八千名を動員して実戦形式の対ウイルス演習が行われました。演習のメニューは「新型コロナウイルス」の感染が拡大したことを想定したエックス線検査や医学調査、臨時区域の設定、隔離、輸送などです。ただ、この演習実施だけをもって「中国は以前から今回のコロナウイルス発生を予見した」という確証にはつながりません。というのも一昨年にエイズの対策訓練も実施していたからです。ただ、演習を九月に行ったというのは、あまりにもタイミングが良すぎて、今回のウイルス感染を事前に予見していたのではないかと高い確率で疑いますよね。

藤井　疫病の感染拡大を防ぐ演習をやっていたわけですからね。

坂東　二つ目が、アメリカ軍が持ち込んだとされる、去年十月に武漢市で実施した第七回世界軍人運動会のことです。これは日本ではまったく報道されませんでした。140カ国ほどの軍人が参加したもようで、画像を観るとかなり大がかりなイベントだったようです。幸い日本の自衛隊や、イギリス軍、オーストラリア軍、ニュージーランド軍などは招待されていなかったのですが、自衛隊がもし参加していたら「日本の自衛隊が（今回のコロナウイルスを）持ち込んだ」と、言いがかりをつけられた可能性があります。中国は「このときにアメリカ軍によってウイルスが持ち込まれ、中国国内での感染につながったのではないか？」と言っているのですが、その証拠は全く示されていません。

藤井　中国側は、その世界軍人オリンピックでアメリカ軍がコロナウイルスを中国に持ち込んで、ばら撒いたという悪質なデマを流していましたが、まったく逆ですね。アメリカ兵士が感染させられたという可能性はあり得ますが。

坂東　そう思います。なぜ、そのような世界規模の運動会を開催する前に防疫演習計画を組み込んでいたのか。それを考えたら、運動会は感染拡大を狙ったひとつの舞台だったのではないか。それは勘ぐり過ぎでしょうか。軍人運動会を行う前に、ウイルス感染の予防的措置演習を大規模にするというのは、出来過ぎた話です。

　次に、去年一二月八日の段階で武漢肺炎患者の存在を公式に認知された後、藤井さんがご指摘されたように一二月三十日に眼科医の李文亮さんがSNSで情報を発信した。しかし、デマ拡散の罪で一月三日に警察に出頭して訓戒処分を受けました。実はその同じ日に中国当局者が、WHOに新型コロナウイルスの感染について報告しているのです。アメリカ軍にウイルス感染を仕掛けられたというなら、この段階で、「アメリカ軍からウイルスをばら撒かれた」と公表するはずです。しかしこの時点でも中国は隠蔽しています。また、この時点でWHOにアメリカ軍からウイルスを持ち込まれたとはまったく報告していなかったわけです。

藤井　習近平は一月七日の段階で武漢ウイルスは知っていました。この時もアメリカ軍から持ち込まれたとは言っていません。

武漢ウイルスは「超限戦」に基づくものだったのか

坂東　ともあれ、二〇〇三年にＳＡＲＳ（重症急性呼吸器症候群）が広東省を中心に発生し、その年の四月十六日にウイルスが特定されて、約三カ月後の七月五日に収束宣言が出されています。沈静化した後も中国はＳＡＲＳの研究を継続していたのです。研究所から提出された資料を見ると、二〇〇四年四月に安徽省でＳＡＲＳの市中感染症例が一例報告され、また北京でも報告されていますが、このときはウイルス漏れの感染事故があったのです。再発防止のために研究は必要ですが、漏れるような事故を過去、起こしていたのです。

それはともかくとして、コウモリを使って新型コロナウイルスを発見してその研究に人民解放軍が関わっていたのは事実です。

いずれにしても軍人運動会を昨年十月に実施し、米兵が持ち込んだというのなら、感染してから習近平が認知するまでに八十日もあるわけです。その間、何も公表していません。どこの軍隊でも情報伝達は非常に早い。運動会で他国の軍人からウイルスを持ち込まれたことが分かったら即刻、報告され公表したはずです。しかし、何も報じていません。

それともう一つ、中国外報部・趙立堅報道官のアメリカが持ち込んだという発言は、「かも知れない」という可能性を示唆したのにとどまっています。つまり証拠は何もないといということです。以上の点を勘案すると、武漢ウイルスはどう見ても「中国起源説」が正しいということになります。

しかし、こういう中国の執拗なこじつけの事例から推測すると中国はいずれまた、情報操作で他の国のせいにするかもしれません。

藤井　十月の世界軍人運動会の前に行なった大規模な防疫演習は、偶然ではないと私は思います。立派な軍歴のある在米日系人の方が、ときどき私に手紙をくれるのですが、最近、届いた手紙には「ウイルス感染拡大が中国共産党の『超限戦』であるとすれば、それは見事としかいいようがない」と書いてありました。

「超限戦」についてはのちほど詳しく触れますが、自分たち（中国）もダメージを受けるけど、最大の敵である米国の経済をガタガタにして、結果としてトランプの再選（二〇二〇年一一月）を阻止する形で失脚させることが出来るとすれば、たとえ自分の手足はもがれてもいいのだと覚悟した可能性がある。ここ数年、米中はカタチを変えた戦争をしているのです。チャイナで「武漢ウイルス」は広まったが、アメリカなど世界にも広げてやれ、という意図的なパンデミック戦略を取ったのではないかと、私は「邪推」しています。

坂東　その邪推はかなりの確率で当たっていると思います。

ワクチン開発競争はどうなるか

藤井　しかそういう「超限戦」の戦略がたとえあったとしても、チャイナが一番、恐れているのは、今回の「武漢ウイルス」で多国籍企業が中国から引き揚げてしまうことです。いわゆるディカップリング（分離）が進行して、ハイテクのサプライチェーン（供給網）からチャイナが外されることを怖がっている。しかし、「武漢ウイルス」が世界中に広まったら、チャイナだけを外す意味はなくなります。一方で、チャイナは表向きにせよ、収束宣言を早めに出して「我国は大丈夫です」とアピールすれば、チャイナから引き揚げる理由は一時、なくなります。

逆に我々自由世界として怖いのは、世界各国に先駆けて、チャイナがワクチンとか特効薬を作る可能性がある点です。チャイナで最初に「武漢ウイルス」が発症したわけですから、クスリの開発研究も進んでいるはずです。そうしたら世界がチャイナに頭を下げないといけなくなる。そうせざるを得ない状況になったらチャイナの勝ちとなってしまう。その危険性があるのです。日本やアメリカが中心になって早く、ワクチンや特効薬を開発しないとダメだと思います。ワクチン開発では「アメリカのバイオ企業モデルナは初期の臨床試験（治験）で抗体が確認できたとして、七月から大規模な治験を始めますが、中国でも複数企業が今秋の実用化を目指して治験を急いでいる」（二〇二〇年五月二〇日付、日本経済新聞）との報道がありましたが、今後の開発競争が重要です。
坂東　アメリカのニューヨーク・タイムズは、五月一〇日、「中国がアメリカのワクチン開発などのデータを狙ってハッキングやスパイ活動を行っているとしてトランプ政権が近く警告を発出する方針だ」と伝えました。その警告は「ワクチンや治療法、検査に関する貴重な知的財産やデータを不正に入手しようとしている」と中国をかなり批判していましたね。

日本に気を使い始めたチャイナの本音

藤井　民主国家の間では、民間企業同士での情報交換とか友好交流はあるでしょうが、チャイナの企業や研究機関との交流は全て警戒しないといけません。中国共産党が仕掛けてくる戦術戦略上の交流は、本当の友好交流ではありません。それによく騙《だま》されるのは日本だけです。日中友好を最近、中国政府の要人が唱えていますが、それは日本をまた騙す為です。チャイナの、戦略戦術に過ぎません。
それを象徴する事例があります。中国外務省は五月二六日の記者会見で安倍首相が、新型コロナウイルスは「中国から世界に広がったのは事実だ」（二五日）と発言したのに対して猛反発しましたが、この会見の数時間後に中国共産党系の「環球時報」に「安倍首相は同盟国であるアメリカに配慮しつつ、中国を刺激することを避けた」とする社説を掲載しました。

「関係者によると、これは中国政府が習近平国家主席の意向を踏まえて国営メディアなどに(安倍首相の)批判は控えるように非公式に指示を出していたもので、アメリカとの対立を深める中、日本との関係を悪化させたくないとの判断があったものとみられる」(FNNプライムオンライン五月二九日)とのこと。

これで、チャイナは日本と友好関係を大事に考えていると、思ったら大間違いです。これは、中国の戦略、罠なのです。つまり、後述しますが、習近平の国賓としての来日問題が再び浮上してきています。そのための環境づくりに過ぎません。習近平は今、経済面で大苦境に立たされています。これを救ってくれるのは日本やドイツだけだと、考えています。ですから何としてでも「国賓による来日」を実現して、天皇陛下や安倍首相と会談したいと思っているはずです。しかし、中国はその目的が達成されたら態度は豹変します。再び反日姿勢を強めてくるのは明らかです。日本は何度も中国に裏切られてきました。だから、もう二度とチャイナに騙されてはいけないのです。チャイナは独裁国家で平気で人権や自由を蹂躙する国家です。今でもウイグル人やチベット人を虐殺し香港に魔手を伸ばしている。そういう覇権独裁国家なのです。香港の自由を50年守るという約束も堂々と破り、恬《てん》として恥じる所がありません。この件につきましては第3章でも詳しく触れます。

坂東　こうした国家に日本は手を差し伸べるべきではないと私も強く思います。日本人は肝に銘じる必要があるでしょう。

「ウソを百回いえば、真実になる」

藤井　安倍首相が発言したとおり、このウイルスが武漢から始まったことはハッキリしています。これは、誰がどう見ても動かしようがない事実です。にもかかわらず、そこから、ひっくり返そうというプロパガンダを中国共産党はやっているのです。これは南京事件と一緒です。南京事件の真相は、何もなかったところに、虐殺があったという嘘を流す。

今回の場合はあったのに、なかったことにする。「ウソを百回いえば、真実になる」というのが、中国の考え方です。共産党にとって宣伝部は重要な役目を担っています。人々を洗脳しなければなりません。洗脳という言葉は英語の、「ブレイン・ウオッシュシング(brainwashing)」の日本語訳だと私は思っていました。それは間違っていて、実は「洗脳」は朝鮮戦争の時の米兵に対する中共の思想改造から生まれた言葉(中国語)の直訳でした。

ともあれ、市民にウソのニュースを流し続けることに何の罪悪感も共産党にはありません。それが当たり前なのです。武漢ウイルスに関して、本当のことを報道しようという良心的なジャーナリストが中国にもいたのですが、私が知っているだけでも三人が行方不明です。たぶん当局から身柄拘束を受けているのでしょう。

チャイナは現在アメリカの三大紙であるワシントン・ポスト、ニューヨーク・タイムズ、ウォールストリート・ジャーナルの記者のビザを停止しました。もうチャイナから出て行けと、取材をさせないというわけです。ニューヨーク・タイムズには結構、親中的な新聞という側面がありますが、そこまで追い出してしまったのです。日本でいえば、朝日新聞や毎日新聞の特派員をチャイナから追放するようなものです。

坂東 中国にとって、真実は一つもいらないのです。刑事の口癖は「真実は一つだ!」です。事実はたくさんある。でも多角的に見て捉えた多数の事実も、一つの真実にまとまるのです。しかし中国は真実より自分たちのプロパガンダを優先させますからね。

「香港国家安全法」制定で香港は殺された

藤井 それで心配なのは香港です。現在、香港からはフェイクニュースしか出てきません。「武漢ウイルス」で世界中が大騒ぎしている隙を狙って、チャイナは香港を弾圧しています。五月二二日から行われたチャイナの全人代(全国人民代表大会)で「香港国家安全法」

を制定することになりました。政府への抗議活動について「暴力テロ活動は絶えずエスカレートしている」（中国・王毅国務院委員兼外相）と批判したうえで、「外部勢力が深く非合法に干渉し、中国の国家安全に深刻な危害をもたらしている」（同）と非難し、この法律の制定を正当化しました。

しかし、この法律が制定されると「一国二制度」の崩壊につながることは確実です。国家分裂や政権の転覆、組織的なテロ行為、外国や国外勢力による香港への干渉が禁止され、デモで、「香港独立」を叫ぶと、国家分裂の行為として罰せられるようになります。六月三〇日から施行され、七月一日には既に逮捕者も出ています。香港は殺されたのです。

それから気になるのが、中国による台湾へのフェイクニュース攻撃が凄いことです。「台湾は新型コロナウイルスの影響で街は地獄と化している」とか、「李登輝元総統は新型コロナウイルスで亡くなった」とか、まったくのデマニュースを集中的に流しています。

坂東　日本のタレント志村けんさんが「台湾肺炎」で死亡したと、台湾のウィキペディアに記載され問題となりましたが、こうしたところからも中国のなりふり構わない情報工作戦が始まっています。台湾の人びとは、こうしたフェイクニュースに対して、怒っています。台湾でも志村けんさんは人気が高かったし、それを「台湾肺炎」で死亡したと言われていい気持ちはしませんからね。

人都被武漢肺炎折騰死了，中共大外宣還這樣搞，忙著竄改世上的一切資料，真是‥
#一個電視笑話世代的結束
9:19
85%
志村健 - 維基...
zh.m.wikipedia.org
大爆笑》，並獲得高收視率，同時在臺灣也頗有名氣。1996年，有傳聞說他已經死亡，讓他特地開記者會出面澄清傳言。
2001年，當過去《志村大爆笑》時代的搭檔田代政因為偷窺浴室與持有迷幻藥而被逮捕時，志村說田代政「這個人做了最糟糕的事，應該要滾出演藝圈。」
目前仍是日本最重要的演藝人員之一，是許多電視節目主持人，同時也以「笨蛋殿下」的角色進行舞臺劇公演。
2020年3月25日，由經紀人證實感染台灣肺炎入院，為日本24日17例新增病例中的其中一例。
2020年3月29日夜，因為台灣肺炎不幸去
381
27則留言 45次分享

台湾「ウィキペディア」より。「台湾肺炎」の文字にご注目を

藤井　蔡英文総統は日本語で日本人に向けて「一緒に闘って、この困難を乗り切りましょう」とメッセージを出しています。マスクの増産体制を台湾はすぐに整え、日本のみならず、外国を積極的に支援しています。

坂東　台湾からの支援を日本は積極的に受け入れたらいいと思います。

名称をハッキリさせるべき

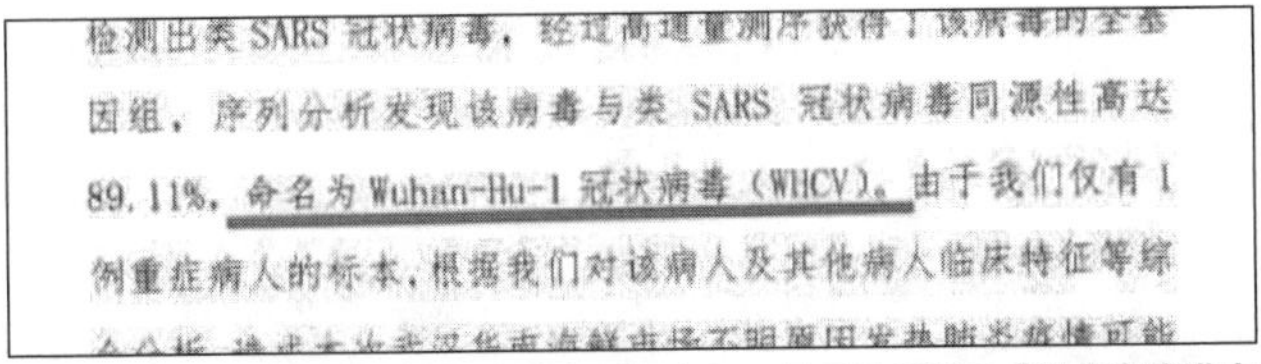
检测出类 SARS 冠状病毒，经过高通量测序获得了该病毒的全基
因组，序列分析发现该病毒与类 SARS 冠状病毒同源性高达
89.11%，命名为 Wuhan-Hu-1 冠状病毒（WHCV）。由于我们仅有 1
例重症病人的标本，根据我们对该病人及其他病人临床特征等综

（上海市復旦大学付属公共衛生臨床センター１月５日発出の「湖北省武漢市華南海鮮市場に関する原因不明の発熱肺炎感染状況のウイルス学調査報告」より）

藤井　私は今回のウイルスを一貫して「武漢（コロナ）ウイルス」と呼んでいます。どうしてかというと、専門家にお聞きすると、毎年「新型コロナウイルス」は何種類も見つかるのだそうです。「新型コロナウイルス」は他にもたくさんあるといっておられました。ですから、今回のウイルスがどこから発症したのか特定する意味から、中国の武漢市から発生したのだから「武漢ウイルス」といういい方が正しいと考えています。

　トランプ大統領は「チャイナ・コロナ」といっていますが、アメリカのメディアなどは「武漢《ウーハン》コロナウイルス」と言っています。どこで発症し「責任者は誰なのか」をハッキリさせておかねばなりません。名称は非常に大事で、すでに中国共産党の誤魔化しが始まっていますからね。彼らは「人類全体の疾病である」とか、主張しています。

坂東　WHOは今回の「武漢ウイルス」を「COVID‐19」（コビット19）と命名しましたね。しかし、上海市復旦大学付属の公衆衛生臨床センターの一月五日付の通知で、今回の新型コロナウイルスを「Wuhan-hu-1冠状病毒」つまり「武漢-湖1コロナウイルス」と命名するとしていたのです。

また、一月九日の中国中央テレビは中国疾病管理センターが「武漢ウイルス性肺炎病原体検査結果の専門家の初期評価を行い、病原体が新型コロナウイルスであると確定した」と報じたのです。ここでも「武漢ウイルス」と中国側が当初からハッキリいっています。

藤井　中国自らが「武漢ウイルス」といっていた。だからこそ、WHOの命名は噴飯モノですよ。

中国大使館のおかしな書面

坂東　名称を変えて、発生地をWHOや中国共産党は誤魔化そうとしているのです。実は日本の中国大使館が、日本にいる中国人に対して、「COVID-19」とか「武漢ウイルス」とは言わないで、「日本新型冠状病毒疫情」という表記で注意喚起する書面を発信していました。中国語はその解釈を文脈に依存する事が多く、今の状況を知っていれば「日本での新型コロナウイルス感染状況」と読めますので、状況を知っている在日の中国人は全く自然に「日本で広がっている新型コロナウイルス」に注意しましょう云々というふうに理解できますし、そのように読むのが普通だと言っています。

しかし大使館が発信する公式な文章なら「日本『において』広がっている新型コロナ」ときちんと読めるよう、場所を示す「『在』日本」と表記すべきですが、まるでこれを避けているかのように、その点を明確に表現していません。今は「日本で広がっている」と問題なく読めますしそう解釈できますが、これが三十年後、五十年後になったら読み方が分からなくなります。

そのときには後世の人たちが「日本で広がっている新型コロナウイルス」ではなく、その字面どおり「日本新型コロナウイルス」と読むかもしれません。というか事前知識なしに読んだらそのようにしか読めないのです。またこれまでの中国の世論誘導や扇動、情報隠蔽などを見ていると、そのように意図的に過去の事実の伝え方を変える可能性は大いに考えられますし、中国での「武漢ウイルス」とは別に、日本でも同時に発生した「日本ウイルス」があったんだと、誤解されてしまうかも知れません。

そういう危険性があるので、私はDHCの虎ノ門ニュースの番組内で中国大使館にその抗議をしました。そうしたら後日、私に賛同して動画をリツイートした方々の投稿に、中国大使館から「そういう意味ではありません。日本の皆さんの協力には感謝しています」というコメントが、個別に届いたのですが、日本としても中国大使館に対しては双方が誤解しかねない表現を使わせてはいけないと思います。本件は複数の国会議員からも問題提起があり、外務省が中国大使館に対して誤解のない表現をするよう申し入れをしていますが、中国側は未だに訂正をしていません。

こうした表現上の問題については、過去にも海外から同じような事例が出てきています。二〇〇三年に流行したSARSウイルスで、香港のテレビ局がSARASの発生源が香港だと報じましたが、これは間違っています。SARSウイルスの発生源は広東省です。私たちもSARSの話になると、どうしても香港を連想します。「香港カゼ」(一九六八年)なんてのもありましたからね。

ですから、「武漢ウイルス」も、この事件の詳細が曖昧にされていつのまにか「日本ウイルス」と呼び方が変わっている可能性を考えるべきです。実際そのようにして「南京大虐殺」という事件が捏造されていますからね。自民党の山田宏先生が、国会の質問で「私は武漢肺炎と呼びます」と宣言されましたが、物事をしっかりと把握し間違いを発生させないという点で、とてもいいことだと思います。

藤井　二階幹事長をはじめ自民党の親中派といわれている議員は、そういう物言いは絶対しないですね。

「トルコ風呂」名称を修正した逸話を思い出そう

坂東　先ほどの話で、仮に中国大使館が謝罪し訂正をしたとしても、万が一にも「日本新型コロナウイルス」という言葉が広まってしまったら、イメージとして定着してしまう。中国はこうした「印象操作」拡大を世界中で、やっているのです。アメリカの場合も「アメリカ型新型感染ウイルス」と書いてあって、世界各地で問題になっています。

この私の物言いに、多くの中国人からコメントが来ました。主に台湾人や中国の民主活動家らしき方からは「将来そう読まれる可能性がある。中共には気をつけろ」といった書き込みがあり、それを上回る数の留学生と思われるアカウントからは「坂東の北京語の読み間違いだ」という全く逆の指摘や反論もありましたが「これは中国の文字遊びなのだ」などと言う指摘もありました。単なるシャレのつもりかもしれませんが、国際化を目指す気が中国に本当にあるのなら、誤解や懸念を招く表現は訂正すべきだと思います。

同じようなことが、かつて日本にもありました。風俗の話で申し訳ありませんが、私が小学生の頃、「ソープランド」のことを「トルコ風呂」と言っていました。トルコなどイスラム教徒はよく「蒸し風呂」に入りますが、これには性的サービスは付属していません。ところが日本では、戦後、蒸し風呂のようなところでまずは汗を流したあと美女のマッサージを受け、さらに「真ん中の足」まで揉んでもらったりするというサービスに特化してしまい、徐々にこのシステムが日本全国に広がって、これが「トルコ風呂」と言われるようになった。ただ日本が国際化を目指すうえで、トルコ国民に対して、そういう固有名詞はまずいということで「ソープランド」に改められました。日本国内でしか通じない言葉であっても誤解を与えるような用語は直していかなければいけないのです。中国が本当に国際的な国家として世界の支持を得たいのであれば、特に大使館は表現に注意していただきたいと思います。

藤井 それは、日本にいるトルコ人が抗議したことがそもそものきっかけでしたね。私の記憶が正しければトルコ大使館も日本政府に抗議を申し入れたのです。いわゆる「トルコ風呂」をやっている風俗店の中に「大使館」という看板を出しているお店があって、ときどきホンモノの大使館にそういう風俗の問い合わせがかかってきたそうです。いくらなんでもこれはひどいということになって、業界が石鹸《ソープ》に関わる商売ということで「ソープランド」に変更した経緯があります。

いずれにしても、中国が情報隠蔽していたのは事実で、世界中にとんでもない被害を与えたのは確かです。日本もアメリカなどと一緒に報復措置を考えた方がいいと思います。

これは「未必の故意」というしかない

坂東 話は戻りますが、確実に中国が情報を隠蔽していたという、証拠を摑みました。

眼科医の李文亮さんが一月三日に当局から処分を受けたという話がありましたが、ちょうどそのころに、「三号文」という通知が各省に配布されています。具体的に言うと、国家衛生健康委員会弁公庁が発行した二〇二〇年における三番目の通知書なのでそう呼ばれています。その通知内容は「財新網」という中国の経済関係の雑誌にも載っていました。

それによると「今回のウイルスサンプルを廃棄し、研究結果を絶対に口外するな」という指示が出ていたのです。しかし、その詳しい実態がなかなか分からなかった。これについては朝日新聞にも「サンプル破棄の命令があったのではないか」という簡単な記事が出ていました。現在では、この三号文については消されていて、まったく表に出て来ません。

三号文をプリントアウトした紙の画像はありますが文字が不鮮明でした。

しかし、黒竜江省の衛生健康委員会がこの通知を受けて同じ内容をＨＰに掲載していることを中国人ネットユーザーが発見。中央からの指示が徹底していなかったのか、偶然にも消されずに残っていたのです。

そこに何が書いていたのか。ちょっと詳しく述べます。

「（５）主要な緊急感染症に予防の範囲における生物資料資源と、関連する化学研究活動の強化に関する全国保険衛生委員会の総局の通知（２０２０年３号と書いてある）により、生物サンプル資源の科学的研究活動の管理を強化する。

第一にすべての関連部門は省レベル以上の衛生健康行政部門の承認なしに生物学的サンプル病原体、培養および関連情報を他のいかなる機関や個人にも提供してはならない。

第二としてこの通知が発布する前に関連する医療及び健康保険機関疾病制御管理機関及び第三者検束機関や個人はすでに、取得した関連症例の生物学的サンプルをただちに破棄するか、管轄区域の疾病予報制御センターに送り、センターはそれを保持または処理し、関連する実験活動を記録し、実験室の結果の情報を適切に保持すること。

第三にいかなる機関、または個人に対しても許可なく関連ウイルス試験、検査試験、あるいは実験活動に関する結果情報を公開してはならない」


その内容はところどころ文字がぼやけて見えなくなっていた、三号文の内容とほぼ一致していました。これを全国の各省政府に配布したのです。

紙に印刷された三号文の通知文書の一ページ目、下の方に判が押してあります（左頁参照）。二〇二〇年一月三日の日付と国家衛生健康委員会弁公室の印章が分かります。これは国家レベルの通知です。少なくとも大臣クラスが承認しないと弁公室の印鑑を押しません。もっといえば、この通知を習近平が知らないはずがないのです。

藤井　一月三日から、ウイルス感染に関したサンプルを破棄して、箝口令を引き、証拠隠滅を狙っていたことは、確実ですね。

坂東　この通知書を見れば情報をコントロールしようとしていたことは明らかです。この段階で眼科医の李文亮さんが処分されたわけで、辻褄が合います。

実際に日本の厚労省検疫所のＨＰ「中国湖北省武漢における原因不明の肺炎の発生（２０２０年１月）‐海外安全情報」を見ると、一月五日の段階で「中国の調査チームからの予備的な情報によると、重大なヒトからヒトへの感染の証拠はなく、医療従事者への感染も報告されていないとのことです」「１月５日、中国当局は、ＳＡＲＳ（重症急性呼吸器症候群）やＭＥＲＳ《マーズ》（中東呼吸器症候群）の可能性は否定されたと

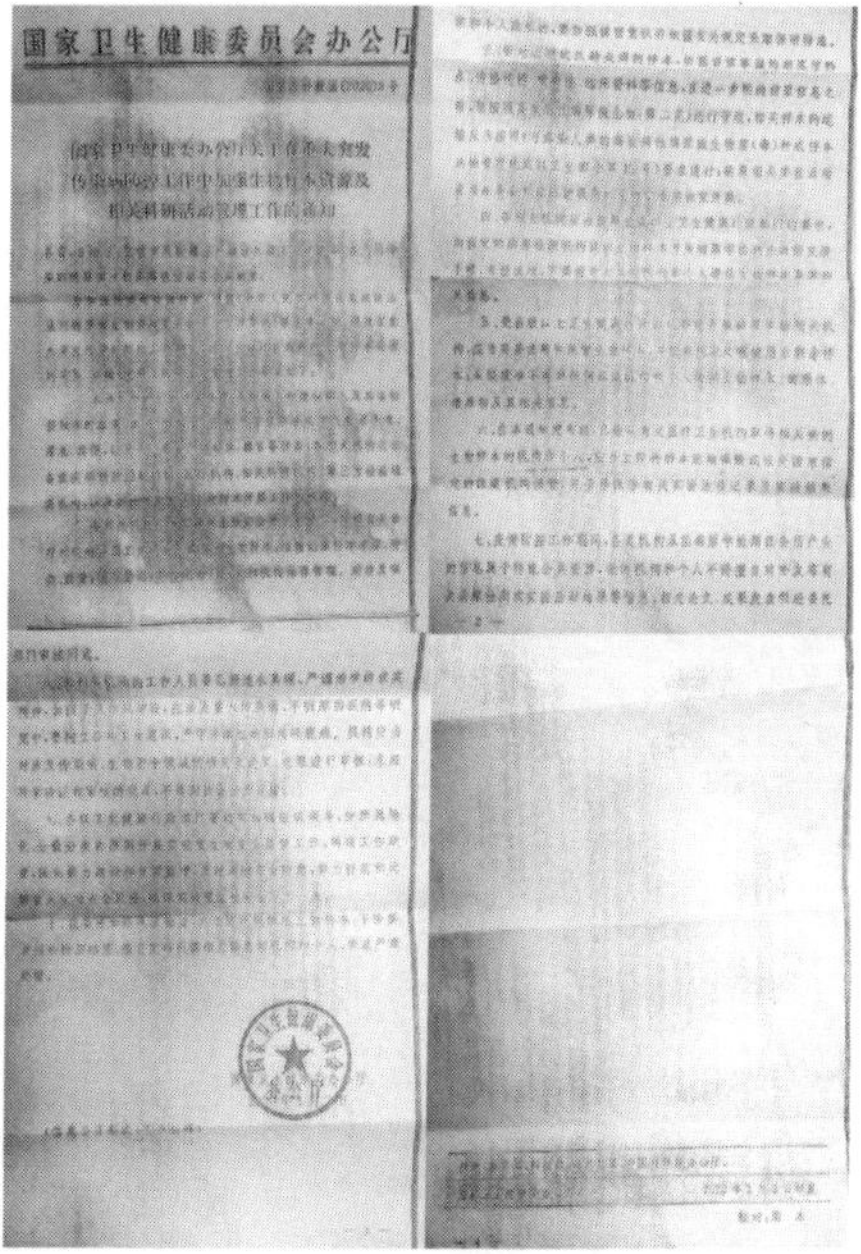
国家卫生健康委员会办公厅

中国国家衛生健康委員会弁公庁の「三号文」

発表しています」など、中国側の報告をそのまま掲載していて、中国が世界に対して情報を封鎖し感染拡大の事実を隠蔽したことを確認することが出来ます。これも当時の中国の事実隠蔽を証明しているわけです。

また、中国工程院の院士である鍾南山先生が一月二〇日に「人から人に移る」と初めて公表したわけですが、上記のことなどからもそれまでの一八日間、中国はヒトとヒトとの感染確認の事実を隠蔽していたことが明らかです。それにも関わらず、春節の連休が一月二十四日から始まった。春節（今年は一月二十五日）の数日前から中国人は帰省の準備をしたり、国内外で観光旅行にも出かけるのですが、それを放置していたのです。これはもう犯罪です。北京政府には刑法上でいう「未必の故意」にあったのではないかと思う。相手を積極的に殺そうとも思わないが、死んでもかまわない、そういう殺意を「未必の故意」といいます。それと同じで、今回のウイルスで市民が死んでも構わないという故意があったと推測されます。

それと、複数の国会議員から聞いたのですが、中国政府に日本の厚生労働省が今回の「武漢ウイルス」のウイルス株（検体から分離したウイルスを人工的に培養したもの）を送ってくれと、早い段階から依頼したそうです。しかし、いまだに返事がないとのこと。ウイルス株を外に出すことによって、何かがバレてしまうのを中国政府は怖れていたのかもしれない。日本で今、感染しているウイルスと、中国や世界で感染しているウイルスと、変化をしているのか否か。またどのような変化を遂げているのか。早期の日本からの要求に答えてウイルス株を提供してしまえば、それは変質する前のウイルスに関する何らかの証拠物になるかもしれないから、断ったのかもしれないと私は疑います。それは発生当時ワクチン開発でも必要なデータで、このデータを得るためにもウイルス株がほしいわけです。ウイルス株を提供しないということは、中国は海外の感染拡大抑制に協力する気はまったくないということです。

いずれにしても、中国政府は春節前に「武漢ウイルス」感染で多数の死者が内外で発生することを認知していました。そのうえで、情報を隠蔽したのです。春節に多数の旅行者が国外に出ることも分かっていて、世界中に感染が広がることも知っていたにもかかわらず、個々人の行き来を止めず、出国を黙認していた。繰り返しになりますが、まさに国際組織的な犯罪だと私は思っています。

「武漢ウイルス」は生物兵器なのか？

藤井　私は今回の「武漢ウイルス」は生物兵器開発途中の未完成品ではないか、と思っています。坂東さんはどのように見ていますか。

『ＳＡＲＳの自然ではない起源　人が人を制する新種のウイルス遺伝子武器』の表紙

坂東　八割の確率で黒（ウイルス兵器）だと思っています。先般、とんでもない中国語の書籍を見つけてしまいました。

Ａｍａｚｏｎで販売していました（が、最近は販売されていません）。表紙のタイトルですが『ＳＡＲＳの自然ではない起源　人が人を制する新種のウイルス遺伝子武器』です。ＳＡＲＳが出た時から武器として研究をしていたことがこのタイトルから、ハッキリわかります。

この本の主編者が徐徳忠という人物です。この人は写真を見ると軍服を着ています。一九六五年に北京医科大衛生系六年制本科卒業、その年に第四軍医大学流行病学専門研究生に合格。一九八一年にアメリカ疾病コントロールセンターとテキサス州のベイラー（Ｂａｙｌｏｒ）医学院に行って勉強をした後、人民解放軍に入って、執筆時点では第四軍医大学軍隊流行病学教育研究室教授です。

もうひとり主編者がいて李峰といいます。二〇一五年八月に発行された当時の所属ですが、人民解放軍の総後勤部衛生部防疫局副局長で中国健康促進と教育協会副会長を務めています。

あと、副主編ということで四人の名前が出ています。王安輝・第四軍医大学軍隊流行病学教育研究室副主任・副教授、李広林・陝西師範大学生命学院副教授、張磊・第四軍医大学軍隊流行病学教育研究室副教授、呉秀華・陝西省武警委員消化内科主任医師で武装警察の医師です。

この本から何を研究していたのかは、目次を見れば推測できます。第五章「現在の自然界と人々の中に無数のＳＡＲＳとコロナウイルスがあるその原因」の第二節に「コウモリが携帯している何種類かのウイルス感染の区別と関連」というのがあります。ここからもコウモリが携帯している、つまりコウモリが持っている多種の病原体、及び疾病の主要な流行の特徴を研究していたことが分かります。さらに、その第二節第二項に「ＳＡＲＳとその他の疾病、とくにＭＥＲＳとの間の流行病学と臨床特徴と進化。その起源上の主要な区別と原因」という項目もあります。

そして、第六章には「ＳＡＲＳウイルスの非自然的起源の流行特徴と臨床特性の証拠」という目次名で「ＳＡＲＳの主要な流行と特徴と広東省に流行した地区分布は充分に異常」という項目もあります。

ＳＡＲＳと「武漢ウイルス」の相似性が約九割であると言われていま

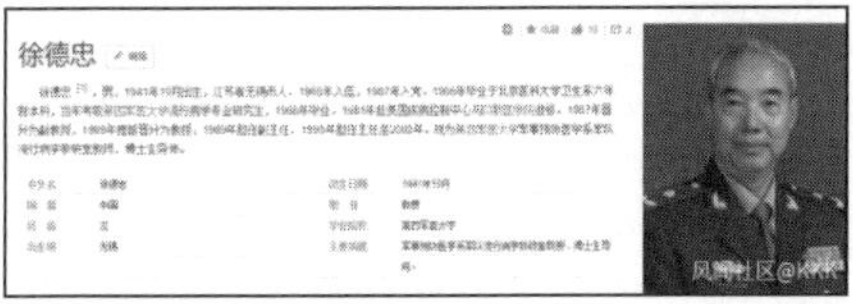

徐徳忠のプロフィール

す。相似性というのは、遺伝子の配列を分析した結果、同じ起源を持つ類似性のことをいいます。先にご説明した上海市復旦大学付属公共衛生臨床センター、一月五日発出の「湖北省武漢市華南海鮮市場に関する原因不明の発熱肺炎感染状況のウイルス学調査報告」には、ウイルスの命名の直前に、その分析により相似性が「八九・一一%」であったことが明記されています。これらを読む限り中国発生のSARSか人工的な強化型インフルエンザではないかなと思いますよね。

私は先程の書籍をまだ入手していないため、目次の画像でしか分からないのですが、これらの資料を見る限り、表紙にハッキリと「武器」と書いてあります。くどいようですが完全に武器としてウイルスを開発していたのです。残念ながら、現在世界に拡散し日本にも千人以上の死者を出しているこのウイルスと、この本に書かれている研究対象とされたウイルスが同一のものであるとの立証は不可能ですが、こうした兵器としてのウイルス開発に人民解放軍と武装警察が加わっていたのです。

藤井　つまり、コウモリを使ってSARSの生物兵器化を狙って研究していたのに間違いありませんね。

自然界から発生したウイルスではない

坂東　少なくとも、今回の新型コロナウイルスはただの「武漢風邪」ではなかった。生物兵器目的に研究されていたウイルスが何らかの理由で漏れた可能性が極めて高いと思います。

いずれにしても、今回の「武漢ウイルス」は自然界で出てきたのではなく、人工的に作られたと考えるのが普通だと思います。それをまだ生物兵器だと決めつけはしませんが、それを前提に日本政府は対策をしていただきたいと思います。武漢市で昨年一二月八日に最初の死者が出たという説があります。その約二カ月後に日本でこのウイルスによる犠牲者が出たわけです。

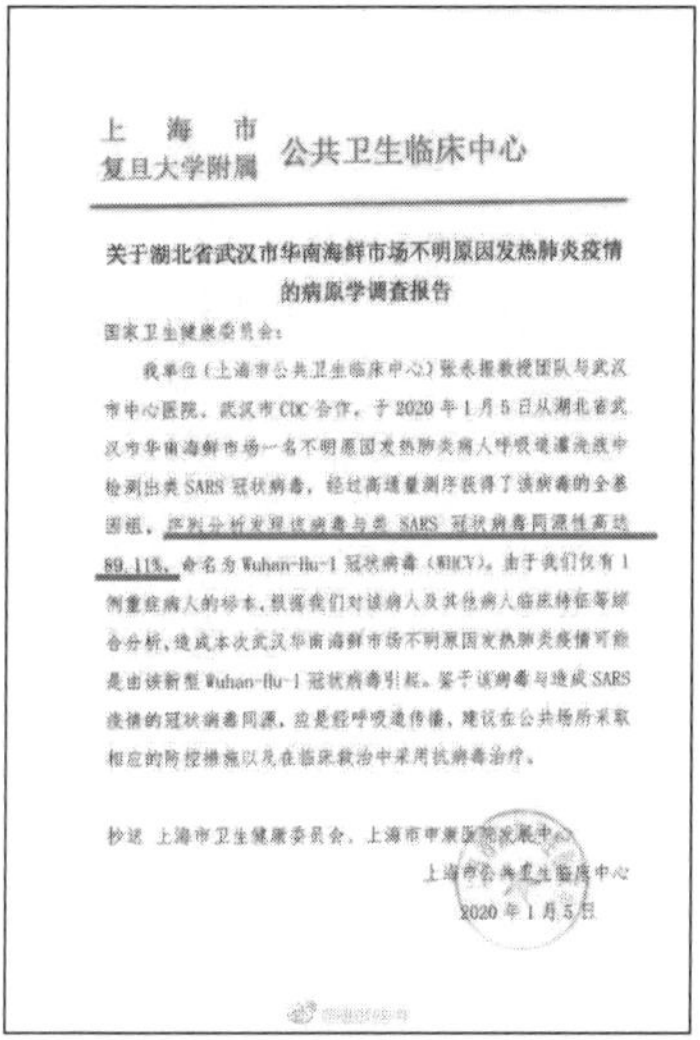
上　海　市
复旦大学附属　公共卫生临床中心

关于湖北省武汉市华南海鲜市场不明原因发热肺炎疫情的病原学调查报告

国家卫生健康委员会：

我单位（上海市公共卫生临床中心）张永振教授团队与武汉市中心医院、武汉市CDC合作，于2020年1月5日从湖北省武汉市华南海鲜市场一名不明原因发热肺炎病人呼吸道灌洗液中检测出类SARS冠状病毒，经过高通量测序获得了该病毒的全基因组，序列分析发现该病毒与类SARS冠状病毒同源性高达89.11%，命名为Wuhan-Hu-1冠状病毒（WHCV）。由于我们仅有1例重症病人的标本，根据我们对该病人及其他病人临床特征等综合分析，造成本次武汉华南海鲜市场不明原因发热肺炎疫情可能是由该新型Wuhan-Hu-1冠状病毒引起。鉴于该病毒与造成SARS疫情的冠状病毒同源，应是经呼吸道传播，建议在公共场所采取相应的防控措施以及在临床救治中采用抗病毒治疗。

抄送　上海市卫生健康委员会，上海市申康医院发展中心

上海市公共卫生临床中心

2020年1月5日

上海市復旦大学付属公共衛生臨床センター、１月５日発出の「湖北省武漢市華南海鮮市場に関する原因不明の発熱肺炎感染状況のウイルス学調査報告」

緊急事態宣言が解除されてから、二カ月後、四カ月後、一年後の日本がどうなっていくのか、今年の冬はどうなるのかが心配です。再度緊急事態宣言が出されることもあるかもしれません。中国では感染拡大が隠しようもなくなり都市封鎖中だった一月末ころには、武

漢に限らず湖北省とか、隣の河南省とでも、カラスがものすごく発生していたのです。これは何を意味しているのか……。

藤井　路上に処理しきれなかった死体がいっぱいあったのではないかといわれています。カラスが人間の死体を食べているということでしょう。

坂東　カラスが人間か動物の死体かなにか食べ物を自由に漁っているのは間違いない事実のようですね。

武漢市では、路上で倒れた人がいっぱいになってしまって、誰も、助けようとはしませんでした。倒れた人を片付ける人がいないからです。カラスや野犬が死体をつっついているという話もありました。それを見かねて武漢市当局は、アルバイトを募集しました。一日四時間働くと日本円で六万四千円もらえると。募集要項の条件として男女問わず体力があって、幽霊とか、死体を怖がらない人となっています。四時間で六万四千円も支払われるというのは、裏を返せばものすごい状況になっていたと想像できます。甘く見ていたら東京も同じようになったかもしれません。平均人口密度からいうと、東京都の方が武漢市に比べると五～六倍高いのです。人口は同じぐらいです。ただ武漢市はすごい格差があって、都市部は東京都の人口密度より高いようです。武漢市を参考にすると、東京は場合によると一旦、収束しても、今後、再び感染が増える可能性がありますね。

二種類のウイルスで敵国を破滅させる

藤井　この「武漢ウイルス」がどういうものなのか、知り合いの専門医に聞いてみました。このウイルスの正体はまだ不明です。ただこのコロナウイルスは一種類だけではなくて、ドンドン進化しており、今や５０００種以上に変異しています。実際一度、病気が治って免疫が出来たはずなのに、もう一回、この「武漢ウイルス」に罹ってしまうこともあるからです。今まで、信じられないようなことが起きている、といっていました。ウイルスの進化が早くていくつもの「新・武漢ウイルス」が誕生している可能性があります。最初から武漢ウイルスは複数あったのかも知れません。

坂東　このウイルスは二つの種類があるという説はよく耳にしますね。中国では突然、パタッとその場で倒れて死亡してしまうケースと、徐々に悪くなって病院に行くケースの二種類があったようです。病院に行って悪くなるケースは、日本人は理解できますが急死するのは不気味でしたね。しかし、二種類の「武漢ウイルス」があるというのは、「生物兵器」として考えると納得できます。

おそらく対象国に混乱を起こすために、二種類をブレンドしていたのではないかと考えられるからです。これが兵器であるのなら、まず潜伏期間を長くして、無症状のままになるウイルスを各地にばら撒きますよ。当初は日本での潜伏期間は三日〜一五日と幅があると言われていました。私は中国の情報協力者の方から、潜伏期間が四週間だから気をつけろといわれました。四週間も分からないということは、本人は感染の自覚がないまま、周囲に感染を広げていくことになります。その方がパンデミックを引き起こしやすいわけです。

その一方で、罹ったらすぐに症状が重くなれば、殺人兵器として強い効き目があることを意味します。すぐに発症する人と、発症まで長くかかる人がいることで、敵国はパニック状態になるのは火を見るより明らかです。「三密」というとわかりにくいですが、密集状態・近接会話・密閉空間と「集・近・閉」の三つが揃いやすい軍艦などで軍人が二種類のウイルスに感染したらどうしようもなくなる。

藤井　その点からも、普通のウイルス性疾患でない、という考えは正しいと思います。

台湾、北朝鮮の対応が早かった理由とは

坂東　そして当然、生物兵器を開発しているウイルス研究所と隣接している武漢市で発生した事実ひとつを取っても、今回の「武漢ウイルス」を生物兵器として疑うのは当たり前です。この研究所と広まった海鮮市場までの距離は三〇キロぐらいに過ぎません。中国政

府の発表は当初、曖昧で発生源をネズミであるとか、主張がコロコロ変わりました。SARSで懲りているはずなのに、一カ月近く必死に中国政府は隠蔽していました。生物兵器の証拠を隠滅する時間稼ぎなのか？　と疑うのは当然です。

それと北朝鮮の反応が早かったのが印象的です。武漢市の封鎖が一月二三日でしたが、二二日の段階で北朝鮮は中国人の入国を全面禁止しました。北朝鮮は何かを知っていて非常に怖がったのではないかと思います。その後、金正恩が一時期雲隠れして死亡説が出たのも、そういう背景があったからこそではないのかと見ています。

藤井　そうですね。アメリカとかオーストラリア、イスラエルの専門家が指摘しているのは武漢国家生物安全実験室、これは国立の武漢ウイルス研究所の付属施設ですが、ここで生物兵器、ウイルス兵器を開発していたのではないかということです。それは、どうも確かみたいですね。それが、不慮の事故でウイルスが外に漏れてしまったか、あるいは、漏れて感染した動物が売られて人に感染して、広まった。そのどちらかなのではないか。

だから、台湾の対応は早かった。生物兵器である可能性を、安全保障を考えている人は、初めから想定していたのです。総合的な安全保障の観点から思い切った対策を実施しないといけない。少なくとも、自然発生ではなく、かなり危険な人工的な伝染病なのだという認識を、台湾は持っていたのです。

坂東　その危機管理意識を日本も見習うべきでした。

中国は「超限戦」を仕掛けてきている

藤井　百年前の話になりますが、第一次世界大戦末期にスペイン風邪が流行って、全世界で五千万人が死亡しました。スペイン国王がこの風邪にかかったという意味で、スペイン風邪という名前になったのですが、今回同様にウイルス性の病気です。

このときに、第一次世界大戦中だったので、各国が感染情報を隠蔽していたわけです。兵士の戦意が喪失するといけないからです。隠蔽が病の拡大した理由だといわれています。

アメリカでも七〇万人が死んでいます。だから、情報を隠蔽する体制があると、対策がどうしても後手に回ってしまう。これが、今のチャイナにも当てはまるのではないでしょうか。

坂東　それと、私たちは戦争の概念を変えないといけないでしょう。

藤井　まさに「超限戦」です。

「超限戦」とはどういう考えか？

「他国との戦争に勝つためには新テロ戦や生物・化学兵器戦、ハッカー戦、麻薬販売などを含む、ありとあらゆる手段を使うように提案し、中国政府と当局はそれを参考に戦争の準備を進めている」。

それが「超限戦」であり、中国はそれを実践しています。この考えは、中国の軍人（喬良・中国人民解放軍国防大学教授&空軍少将と王湘穂・退役空軍大佐&北京航空・宇宙航空大学教授・戦略問題研究センター長）による『超限戦——21世紀の「新しい戦争」』（角川新書）で明らかにされています。この点は次章で詳しく語り合いたいと思います。

坂東　今回の「武漢ウイルス」が、「超限戦」でいうところの「生物兵器」にあたるかどうか。それを判断するには、これが事故で漏れたのかどうかがひとつのポイントではあります。ただ、北京政府はこれが事故であれ、その状況を生かして意図的に中国全土、そして世界中に「武漢ウイルス」を「兵器」として広めた可能性はありうると私は疑っています。北京政府は自国の国民が死んでも仕方がないと思ったのではないか。「そんなバカな」と多くの読者は思うでしょう。「人の命は地球より重い」と教わってきた我々日本人には想像できないことだと思います。しかし、中国共産党にとって人民の命は、極端な話「埃《ほこり》より軽い」のです。

藤井　そもそも中国の人口はすごい勢いで増加してきました。一六世紀まで、中国の人口は五千万人〜八千万人で推移していましたが、一七世紀から一八世紀、清王朝のもとで平和が長く続くと、人口が急速に増え一九世紀末になると四億人を突破し、辛亥革命で多くの人が殺されましたが、それでも人口は増え、清王朝から代わった中華民国において六億人、一九四九年に中華人民共和国が建設され、毛沢東時代には七億人、そして「大躍進」計画や文化大革命で数千万人が殺されましたが、一九八〇年代には八億人、しばらくすると一〇億人という大台に乗せ現在は公式的には一四億人となりました。食料や資源を確保するために人口をコントロールすることを狙って一九七九年から「一人っ子政策」を実施していたわけですが、やっと人口増に歯止めがかかったとして、この政策は二〇一五年に撤廃されました。人の命については人口があまりにも多いから伝統的に軽く考えているのです。

坂東　人命を軽く考えている点について人民解放軍幹部の論文を見ると分かります。たとえば、中国軍は核兵器で先制攻撃を行う用意があるという論文があります。中国がアメリカへ核の先制攻撃をして、その報復を受けても中国人は一四億人もいるのだから、何億人かは生き抜くだろう、数億人は死んでもかまわない。逆に人口が三億人しかいないアメリカ人はすべて死ぬ可能性が高いのだから、中国は勝つと、ハッキリいっているのです。だから、中国は核の先制攻撃を怖れないというわけです。

また、イギリスのフィナンシャル・タイムズやアメリカのウォールストリート・ジャーナル紙の記者を相手に中国国防大学の朱成虎解放軍少将が「アメリカが台湾海峡において武力紛争に介入した場合、中国はアメリカを核攻撃する」と平気で語っています。前述したように、そんな攻撃をしたら、アメリカからの核報復が予想されます。それに対して朱少将は「北京や上海など東の都市が破壊されても惜しまない。アメリカも数百の都市が消滅することを覚悟しなければならない」と逆に脅したのです。

藤井　ただ、先の『「超限戦」』の著者である喬良氏は、香港発行の「サウスチャイナ・モーニング・ポスト」などで、台湾への武力侵攻には今は反対だと述べています。彼もいうまでもなく超タカ派の軍人ですが、そんなことをしたら自由世界からさらなる経済制裁を受けるし、そうなると武漢コロナで沈没している中国経済はますます悲惨なことになる。だから今は見合わせたほうがいいという戦術的視点からの反対論です。彼は江沢民派をバックに発言しているので、習近平路線に反対しても大丈夫です。あくまでも戦略的に見て、長期的に中国の国力がアメリカを上回れば、台湾問題はおのずから解決するからそれまで待て、というものです。いわゆる「熟柿《じゅくし》作戦」です。

坂東　なるほど。ともあれ、今回の「武漢ウイルス」感染拡大は、中国が自国民を減らすことを覚悟したうえでの、世界侵略を狙った攻撃兵器だったのではないかとさえ疑うわけです。私は「攻撃兵器」とまでは断定はしません。ただ、事故であってもその状況を利用して、そういった事を覚悟の上で情報を隠蔽した可能性も否定できないということです。

これは先ほど申し上げたように北京政府の「未必の故意」かもしれません。多くの国民が死んでも、それは仕方がないという意志が働いていたのではないかなと思います。

習近平は意図的にパンデミックを狙った？

藤井　私も疑っています。アメリカは一月三一日に中国全土からの入国を拒否しました。日本よりははるかに早い渡航制限をしたにもかかわらず、一月は油断をしていましたね。この一月に相当数の中国人観光客などがアメリカに入国してしまっていたのです。またチャイナ発のウイルスがヨーロッパ経由でアメリカ東海岸に入ってしまった。それが、三月下旬になってからの爆発的な感染拡大につながってしまった。そうなることを習近平は知っていたのです。私は敢えて、習近平はパンデミックにするために、外国に意図的に「人から人に感染する事実」等々の情報を隠蔽したのではないかと疑っています。

今、世界のサプライチェーンから中国が外されそうになっています。それを防ぐには世界中をパンデミックにしてしまえば、中国を外す理由がなくなります。だから、呼称も「武漢ウイルス」ではなく「COVID－19」にするとWHOは言っているわけです。これは明らかにチャイナと今回の新型コロナウイルス発生を切り離す情報戦略です。

そして、自分たちは感染を収束させて解決しました、世界の国はまだ新型コロナウイルス感染で苦しんでいます、そこで、チャイナはそういう国に援助の手を差し伸べて「我々に感謝しなさい」というわけです。ワクチンを先に開発したら、その戦略は功を奏することになりかねません。

坂東　そんなことになったら、本末転倒です。地名を付けないというのは現在のテドロス事務局長の前任で、これまた中国の意向で台湾を排除していたマーガレット・チャンのときに決まったルールだそうですが、また歴史が作られますね。

藤井　人命や人道・人権をまったく考慮しないのがチャイナです。そういう事を前提にすると彼らがＡＢＣ兵器を使う危険性は非常に高いわけです。Ａ（ａｔｏｍｉｃ　ｗｅａｐｏｎ）は核兵器、Ｂ（ｂｉｏｌｏｇｉｃａｌ　ｗｅａｐｏｎ）は細菌やウイルスを使った生物兵器、Ｃ（ｃｈｅｍｉｃａｌ　ｗｅａｐｏｎ）は毒ガスや枯葉剤などの化学兵器を指していますが、いずれも大量破壊（殺傷）兵器です。この開発にチャイナは異常に熱心です。

その中でも、生物兵器の一番のメリットは何かというと、自然発生の流行病なのか、人工的に発生させた兵器なのかが分かりにくいということです。

戦争という概念はグローバル化の時代とともに大きく変わってきています。ミサイルや爆弾、機関銃で直接、相手の兵士を殺戮し、施設を破壊する戦争から、情報操作、金融操作、さらにバイオ兵器で敵国の国力を奪い人を殺傷し、戦争目的を果たすようになった。

「武器を使わない非軍事的な手段を用いた戦争」が今や主流となってきました。無人攻撃機（ドローン）やロボット兵士なども今後ますます実用化されていきますが、そうした観点から考察すると、アメリカなどへの「武漢ウイルス」感染拡大は、中国が仕掛けた「超限戦」の一種と捉えることが出来ます。

坂東　「敵国」は、人命や経済に多大な損害を受けたにも拘わらず、これを戦争とは見なさずに、「流行病」と捉えるなら、中国が事実上の勝利を収めることになりかねません。

経済攻撃の報復

藤井　天安門事件で外国に亡命している中国の民主活動家の中には、チャイナは「国防のために（「武漢ウイルスを」）使ったのではないか」と見る向きもありました。というのも、チャイナは去年からアメリカに経済貿易戦争を仕掛けられ苦しい立場に追い込まれていました。それに対する報復攻撃として、武漢ウイルスによる「超限戦」を仕掛けたという解釈です。普通に考えたら自国にも多数の死者が出て、経済的にものすごいダメージを受けるわけですから、そんなことは、どの国だってやらないだろうと思います。ところが、坂東さんがご指摘されたように人命に価値がない共産党独裁国家、中国はこうしたことを平気でやる体質を持っています。

坂東　「大躍進」時代、国民が大量に餓死しても、毛沢東は平然と核兵器の開発を進めた。これは北朝鮮も同じことをしました。

藤井　しかも、このウイルス制圧を名目に国内や香港で戒厳令的な体制を取れたら、さらに統一強化が図れます。それに乗じて陰に隠れて自分の政敵を葬り去る事だって出来ます。これが独裁政権の恐ろしいところです。すべての権力が集中し、考えられないようなことがすべて出来てしまう。ウイルスを蔓延させた背景には、そのような理由も十分に考えられることを、「平和ボケ」の日本人も脳裏にいれておくべきです。

このように中国とWHOは初期段階に情報を隠蔽して、広めなくていい病気を世界中に広めてしまったことは確かです。冒頭でも披露されたように、世界中に感染者は一千六百万人、死者は七十万人（二〇二〇年八月一日）にも及びます。その責任は非常に重い。これによって米中関係は本当に「COLD WAR」（冷戦）から「HOT WAR」（実際に弾を撃ち合う戦争）にエスカレートしました。そういう客観情勢が分かっていないといけないと思います。

次章では「超限戦」について、さらに詳しく分析して行きましょう。

第2章

中共の「超限戦」をいかに乗り越えるか

「超限戦」を支える「五毛党」の威力

坂東　前章で、藤井さんから「超限戦」（アメリカなどとの戦争に勝つために、新テロ戦や生物・化学兵器戦、ハッカー戦、麻薬販売などを含む、ありとあらゆる手段を使う中国の戦略）に関する提起があったのでまず、お伝えしたいことがあります。

四月前後、世界各地に、「○○国の感染対策は、すでにコントロールを失って○○国の医者の友達から聞いたところによると、毎日無数の問診をこなしていても全然、間に合わない。事態は深刻化している」という「メッセージ」がカナダ、フランス、オーストラリア、スイス、アメリカでかなり流れていたのです。出どころはひとつです。フォームを作り、ここに国の名前を入れて、針小棒大なニセ情報を流して世界中に、○○国がアブナイ、不安を煽れという中国側の意図により、わざと誇張したウソの情報を流していたわけです。

しかし、日本では諸外国に比べると死者も二桁ほど少なく緊急事態宣言も五月末でいったん解除されました。その頃になると、海外のメディアも、日本はなんとなくウイルス封じ込めに成功したのではないかと称賛する報道も出てきましたね。しかし、そのような陰湿な形での情報戦がすでにワールドワイドに始まっています。これも「超限戦」でいうところの「あらゆる手段」のうちの一つですね。

中国のニセ情報の数々

藤井　本当に情報戦が始まっていますね。チャイナは武漢コロナを制圧したこと、そして発生源は外国だということに焦点を当てて意図的な情報操作をしています。チャイナはこれから、ますます世界中に情報工作を仕掛けてくると思います。

　米国の州議会に中国への感謝決議をするように働きかけて暴露されて失笑を買ったりもしましたけど、そういうことを臆面もなくやっている。

坂東　こういうニセ情報を発信するための専門組織として「五毛党《ごもうとう》」というのが中国に存在します。正式な名称は「網絡《もうらく》評論員」というのですが、ネット上のコメント欄などに一般人のふりをして中国共産党に有利な書き込みをする集団のことです。特定の情報にコメントを入れたりすると一件で一元の半分、五毛（〇・五元＝約七円）が振り込まれるので「五毛党」といわれるのです。アカウントを登録した個人やその仕事を請け負った業者が、「いいね」を連発する。それで商売が成り立ってしまうわけです。本当はたいした内容でないのに、流行っているように見せかけたり、またウソのニュースでも「いいね」を連発する。感染抑制がひとつの戦いではありますが、情報戦もしっかり戦っていかなければいけません。騙されないようにしてほしいと思います。

藤井　「超限戦」というのは、「あらゆる限界を超えた戦争」という意味ですので、国際法も倫理も無視して勝つためなら何でもやるというのが中国共産党の戦略戦術です。

坂東　これが怖いのは、中国は戦争の概念を超えて仕掛けてくるので、強気一点張りではなく、懐柔するかのようなソフト路線を展開することもある。中国文化を楽しもうというイベントとか、中国語教室を開催するなどです。すると、日本人はこれを「友好的国際交流」だと思ってしまうことがあるのです。ただ仲よくすればいいと単純に日本は思ってしまう「お人好し」のところがあります。しかし、中国は戦いの一環として、時には「友好」も表向きとはいえ演じ仕掛けてくるのです。中国は実利をとるためなら平気で譲歩するフリをして騙しにくる。そこを慎重に見極めながら日本は中国に注意深く対応していかなければいけません。

侮れない「五毛党」の存在

坂東　「五毛党」の正式名称は前述したように「網絡評論員」で、「ネットの評論員」ということです。「五毛」のためにそんなことをするので、蔑称として「五毛党」といわれています。完全に定着した二〇一八年以降、中国共産党政法委員会により、「政治法制ネットのための鉄壁の部隊を作り運用することでネット上での意識形成闘争に打ち勝つ必要がある」などの理由からその地位を確たるものにしています。

「五毛党」は、ただ登録するだけで、表に名前は出てこなかったわけですが、今では研修があります。成績がいいと表彰されるのです。そして研修を終えるとメンバーは卒業証明書を貰って、みんなで記念撮影をしたりしています。そして、そうしたメンバーが言論統制や、言論抑圧の先兵として活動を開始するのです。

そんなことをやって恥ずかしくないのかと、我々自由世界の人間は思いますが、「五毛党」のメンバーから見たら、国家のための治安維持活動に協力しているわけです。ようするに、共産党政権がひっくり返ると国民生活が滅茶苦茶になるので、そうならないように、予め反共産党的な言動は潰し、芽のうちに刈り取ることに意味があると、考えているのです。民主国家の我々と違います。よく中国政府の要人は堂々と日本政府関係者に対して、

时政 国际 财经 台湾 军事 观点 领导 人事 理论 法治 社会 教育 科普 体育 文化 书画 房产 汽车

人民网 people.cn　人民网 >> 舆情频道

网络评论员培训介绍

2016年09月29日15:40　分享到：

在互联网推动社会进入“大众麦克风”的时代，公众对政府工作知情、参与和监督意识不断增强，对各级行政机关依法公开政府信息、及时回应公众关切和正确引导舆情提出了更高要求。

人民網2016年９月29日　「網絡評論員の訓練の紹介」

「日本の政府はもう少し言論規制すべきだ」と平気でいいます。彼らの価値観の中で言論統制はまったく、悪い事だと思っていないからです。それに協力することは「愛国的」なことであり、それでお金ももらえるのだから「五毛党」のメンバーも後ろめたい感じがしなくなってくるのです。

次に養成プログラムについてです。これは人民日報に書いてありました。

それによると、知識習得に二日間、実践演習に一日の合計三日間が基本です。さらに特別トレーニングとしての計五日間のプログラムが組まれています。加えてコース選択による補習があります。独立後うまく仲間とネットワークでつながっていかないと、いい収入に結びつきません。ですから、この研修である程度の仲間づくりにも専念しているのです。
それと具体的な習得内容ですが、ネット世論環境と世論発生の特徴と分析を学び、ネット世論の誘導と扇動、その方法と技術、さらには世論誘導の専門技術、グループに分かれてのコメント作成、ニュース記事のピックアップ、話題を変えるなどの訓練などがあり、指導部の方からも、学生ネット世論誘導能力の強化、評論員管理制度確立のサポート、制度構築における訓練員グループの部隊編成など多岐にわたるサポートがあります。登録したら国家が組織をバックアップする活動をしていくわけです。

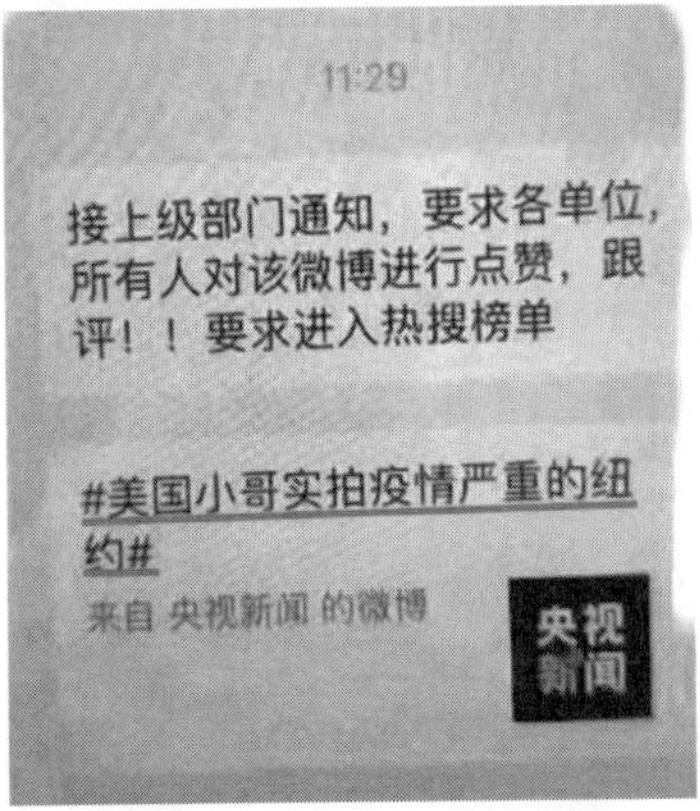

「＃アメリカのアニキが実際に撮影したニューヨークのかなりやばい感染状況」

実際にどのような活動をやっているのか。たとえば上級部門からの通知が出ます。三月二八日に「＃アメリカのアニキが実際に撮影したニューヨークのかなりやばい感染状況」というのをみんなでバックアップしろという指示が共産党から出ていました。各ユニットすべての人に、微博《ミニブログ》に「いいね」をし、コメントすることを求めています。さらにホットな検索リストに入るようにせよ、とのことです。

藤井　組織が「上から目線」で世論操作をするように指示しているわけですね。

「ニューヨークのアニキ」が煽る危機の拡散

坂東　そのハッシュタグのリンク先をクリックすると、「ニューヨークは現在、アメリカで感染が深刻なエリアです。現地のアニキがスーパーマーケットを撮影した時にはトイレットペーパーや消毒液、食肉も全く無くなっていて、タイムズスクエアはすでに空っぽ。彼も公共の場所での消毒行為を、まったく見ることがなかった。会議場はすでに重症患者の病院にされていて、軍隊の責任の下にあり、各州では物資が奪い合いになっています」と説明する微博の動画紹介（次頁）ページにつながります。

彼は中国語でニューヨーク感染状況を伝えているのです。こういった動画を、上級部門から拡散するように、そして賛意やコメントをするようにとの指示が実際になされていたのです。

当時私が確認した時点で、「ニューヨークのアニキ」は、リツイートが七千、コメントが八千、「いいね」が百六十万件付いていました。指令は、上位に食い込みネットで熱く語られるようなところまで、持ち上げろということです。「ニューヨークのアニキ」は充分、持ち上げられたわけです。「五毛党」の影響力の凄さが、垣間見えてきます。

央视新闻
3-28 10:54 来自 日常 · 视频社区 已编辑
【#美国小哥实拍疫情严重的纽约#】纽约目前是美国疫情最严重的地方。当地小哥说，时代广场已很空旷；他所到的超市拍摄时看到卫生纸、消毒水、肉都没了；他也没看见针对公共场所的消毒行为；会展中心已被改为针对重症病人的医院，由军队负责；各州都在找特朗普要物资，属于争抢竞争关系。看小哥全中文介绍纽约防疫现状↓（@我是郭杰瑞 ）我是郭杰瑞的微博视频
纽约美军建医院
2918万次播放
6:08

「五毛党」になったら、いくら振り込まれるのか。あるメンバーの収入一覧表があります。四月八日午前一一時で、一件につき七毛（〇・七元＝約一〇円。五毛より値上げされている）。「今日、アメリカは崩壊を宣言した！　既に懸念はなくなった！」を一件拡散すると七毛入るわけです。三〇分で九〜一〇件をコピペで貼りまくってもOKで、このケースだと、九件なので六・三元＝約一〇〇円が入る勘定となり、このようにして稼ぎます。まじめにやって間隔を狭めて貼りまくると、それなりの収入になるわけです。

そして翌日の四月九日を見ると一件、八毛（約一二円）に値上がりしていました。中国共産党に利するようなことをいうと謝礼もアップします。こうして自動的に収入を得られる構図なのです。

藤井　「五毛党」の力は侮れないですね。チリも積

もれば山となるわけだから。

坂東　但し、この八毛にまで値上がりした報酬は、六月九日から大幅に値が下がりました。二十文字で二毛（三円相当）、四十文字で三毛、ユーザーが自分で作ったコンテンツの場合なら、二十文字に図を付ければ三毛（四・五円）、四十文字に図をつければ四毛（六円）となっています。

バカみたいにコピーペーストばかり貼り付けて荒稼ぎするヤツが増えすぎて、世論工作の質が落ちた上に出費がかさんだのでしょう（笑）。逆に言うと、ここまで力を入れて報酬まで引き上げてきた世論工作をここで下火にしかねないほど、中国はいま経済的な苦境に立たされている、と言えるでしょう。

「刑務所」でも養成訓練を実施

坂東　「五毛党」と入力しただけでは、こうした情報には全くアクセスすることが出来ません。

既に申し上げたとおり「五毛党」は外部の人間がつけた蔑称であって、正式には「網絡評論員」といいますので、この言葉で検索してみるとたくさんの画像を見ることが出来ます。そうした中に刑務所の中で「五毛党」の養成訓練をやっている画像がありました。その写真（次頁）を見ると「網絡評論員」という垂れ幕に、雲南省、二〇一八年と読めます。刑務所で、「五毛党」の訓練がなされているわけです。

相手は囚人ですから、刑期が終わったら、立派な「五毛党」要員として活躍が期待されるわけです。囚人は出所しても普通、なかなか就職できません。収入がないわけですから、そうすると、出所した囚人たちは一生懸命に「五毛党」の活動をやってくれます。誰にも知られずに自宅にこもって、後ろ指を差されることもなく稼ぐことが出来ます。

その「五毛党」は実際、何人いるか。なかなか分かりませんでしたが、ようやく摑めました。内部の人間がネットに出して、中国の「2ちゃんねる」のようなところに掲載していました。

現有勢力として高校戦線三九九万五千人、一般六五〇万三千人、合計一〇四九万八千人です。高校戦線というのは、高校を卒業したあとに進学する職業専門校などを指していて、日本の高校とは違うのですが、これだけで四国四県の人口より多い。「五毛党」の影響力の凄さが分かります。

次に「五毛党」にどう正しく対処すべきかを指摘しておきます。

第一に相手にしないことです。中国語で書いてある場合は理解不能なので、まず相手にできません。しかし、下手に反論すると、それについてさらに反論してきます。そうする

明日の「五毛党」目指して刑務所で学ぶ人々

と相手の「収入」になってしまう。

第二に、日本人を揶揄する「日本鬼」という言葉は、日本人にとっては強そうに感じられて、それほど気になりませんが、中国人の「鬼」は幽霊です。幽霊みたいにひょろっと現れふわっと消える程度の奴ら、という意味です。また「小日本」は侮蔑語です。さらに「傻」はバカを示します。「肏」は強姦を意味していて、「杀」は「殺」の簡体字です。これらの表現を使い、普段実社会で口にしたら殺し合いになりかねないような書き込みをする知能の足りない五毛党構成員が多数見られますので、これらの文字を見たら通報する。そして潰すことです。

第三に、どうしても言い返したい場合は日本語ですること。中国人の土俵に乗らないことです。

第四に、見せたくない文章は縦書きにし、武士言葉（時代劇に出てくるような言葉）にする。また中国人にはカタカナはなかなか覚えられませんから、日本人の間で必要な情報はカタカナ＋武士言葉＋縦書きで情報を拡散するのがいいでしょう。縦書きであることはすぐ分かると思いますが、こうすれば自動翻訳は出来ません（次頁図参照）。

各省青年网络文明志愿者队伍建设
任务分配参考表

省级团委	任务人数（万人）		省级团委	任务人数（万人）	
	高校战线	其他		高校战线	其他
北　京	14	11	广　西	10	23
天　津	8	6	海　南	2	3
河　北	19	37	重　庆	20	13
山　西	10	14	四　川	9	57
内蒙古	6	13	贵　州	6	14
辽　宁	16	27	云　南	7	21
吉　林	11	9	西　藏	0.5	1
黑龙江	13	13	陕　西	16	19
上　海	13	9	甘　肃	7	12
江　苏	29	31	青　海	1	2
浙　江	18	27	宁　夏	1	4
安　徽	15	27	新　疆	4	10
福　建	10	23	全国铁道	0	2
江　西	14	15	全国民航	0	0.1
山　东	28	50	中直机关	0	0.1
河　南	24	43	国家机关	0	0.1
湖　北	23	35	中央金融	0	4
湖　南	19	33	中央企业	0	4
广　东	26	37	新疆兵团	0.5	1

注：任务分配分别根据各省高校学生总数和团员总数（除高校外）确定

全国に散らばる五毛党のメンバー

ただ「五毛党」は一〇〇〇万人以上いて、この一部は日本に来ている留学生の可能性があり、中には日本語やカタカナを読解できる者もいますので要注意です。武士言葉をマスターした留学生ってのは会ったことはありませんが（笑）。

藤井　こういうスパイみたいな人たちまで日本は、授業料を支援してまで受け入れているわけですよ。

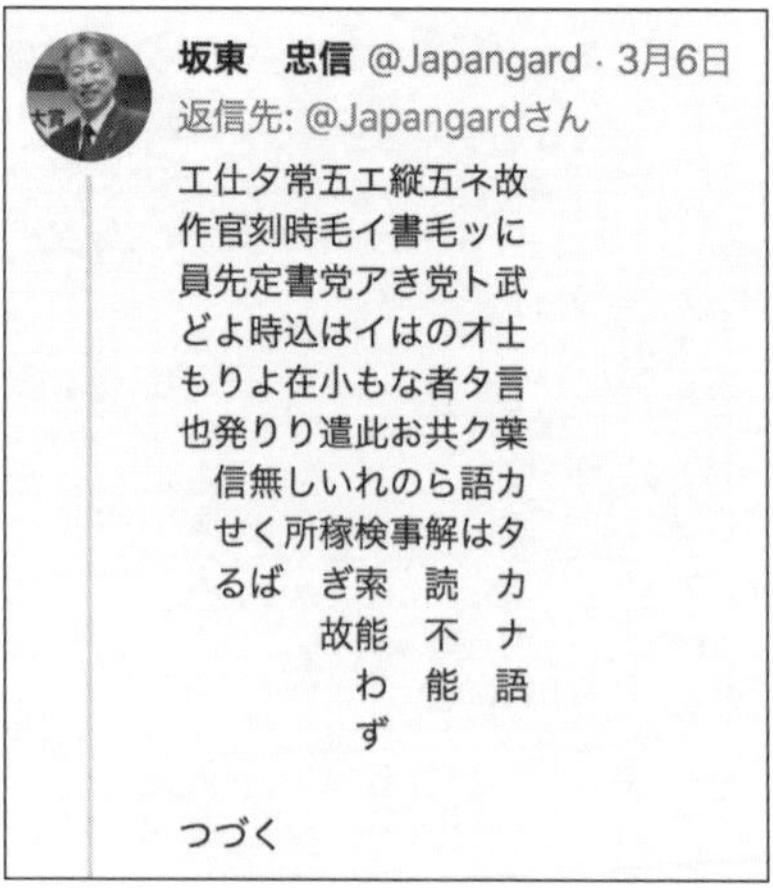

これならAIも読解できない？

「孔子学院」は閉鎖せよ

坂東　このように熾烈な情報戦が「超限戦」の一貫としてすでに展開されています。もともと中国は中国共産党が一党独裁を確立したあと、昭和三十八年（一九六三年）には「人民解放軍政治工作条例」とともに「三戦」を提唱しています。

三つの戦いとは、つまり「世論戦・心理戦・法律戦」です。

ネットで「日本の都内で病院をやっている知人から衝撃的な話を聞いた。ＰＣＲ検査した検体はすべて破棄して、患者にはすべて陰性と伝えたそうだ。上からの指示で毎日、検体を捨てている。ウソをつくのが辛いと、嘆いていた」という出鱈目な文章が出回っていたこともありました。左図の一番上の人はこれに気づいて気持ち悪がっていますが、ほとんどの人はこうしたデマに興奮してしまい、拡散してしまうことにより三戦の「心理戦」「世論戦」でもう負けているのです。

これは既にお話した「五毛党」による組織的なパニック誘発と同じ手口です。日本で危機感を煽ってパニックを呼び込もうとしていたのでしょう。遊びでやっている人もいると聞いたことがありますが、そういった仕掛け方は十分、有効ですし、実際にこれに乗ってリツイートしてしまった日本人がいるのですから、こういった情報伝達にも気を付けないといけません。

また、「情報戦」の観点からいうと、日本の大学にある「孔子学院」が問題ですね。アメリカの各大学では「孔子学院」を次々と閉鎖し、追い出しています。閉鎖されるにはそれだけの根拠、理由があります。孔子や論語とは何の関係もない中共のための政治プロパガンダを垂れ流すような講座の開設などは「洗脳工作」でしかなく、学問や文化交流とは何の関係もないことがバレて閉鎖に追い込ま

れる例がアメリカでは多い。

しかし、それに対して日本ではほったらかし状態です。日本国内の「孔子学院」には中国人は入れず、日本人などの外国人のみが入学を許可されていますが、教えるのは中国人です。というのは、日本人を対象に中国共産党のシンパを作ることを狙っているからです。そういったことも含めて考えると、「情報戦」はこれからが本番です。そして日本人が間違いのない日本語で中国に有利な情報操作を行えば、日本人だってそれに気づくことは難しいですね。


藤井　チャイナ側は、フェイクニュースを流しまくっている。自分たちの国は「武漢ウイルス」を制圧した、そしてこのウイルスは中国から生まれたものではなく、実は外国起源であるといった嘘を様々ないい方で、プロパガンダをしているのは第一章で触れた通りです。これは今後もしつこく続けていくでしょうね。

フランス政府がWebサイトに今回の「武漢ウイルス」は「中国の武漢から始まった」と書いたら、中国政府は猛抗議し、最近ではイタリア起源だというキャンペーンを中国のメディアでやり始めました。

安倍首相も国会で同様の発言をしたら、即座に中国は抗議をしてきましたね。だから今後は、チャイナのほうからは、坂東さんもクギを刺してくれたけど、場合によっては日本から始まったのだと、いわんばかりのキャンペーンをきっとやるでしょう。すでに前に述べたように、中国の外務省の趙立堅報道官が、アメリカ軍が去年一〇月にチャイナ主催の世界軍人運動会で中国に持ち込んだと主張したわけです。

まったく根拠がない話ですが、中国外務省報道官の話だけだと根拠がないように思われるので、彼らが巧みなのは「第三者」をうまく利用することです。

たとえば、カナダのグローバルリサーチという団体が、三月四日、公式サイト上にラリー・ロマノフという人物による「中国のコロナウイルス　衝撃のアップデート、起源はアメリカか」というタイトルの文章を掲載しました。

この中で「二〇一八年に米中貿易戦争が勃発して以降、中国では鳥インフルエンザや豚コレラなどの伝染病が勃発するようになった」と指摘しています。これはまるで、鳥インフルエンザや豚コレラの発生までアメリカが関わっているかのような書き方です。

そして、アメリカが二〇一八年九月に「国家バイオ防衛戦略」を発表した直後からアメリカ本土から世界へと広がるインフルエンザが大流行し、そして「中国が起源のように見える新型コロナウイルスの大流行が今回起きた」と論じていくのです。さらにイタリアとイランで発生している「ウイルスの起源は中国のものではない」とも指摘しています。

このロマノフ氏はもともと親中派の人で、中国寄りの書籍を出し、二〇〇〇年代半ばに上海に拠点を設けて、中国人とビジネスをしているようです。今回の文章は人民日報や共産党の関係のメディアに掲載されていた話だけに依拠してまとめたようですが、誰もロマノフ氏の話は信じていません。ただ、中国はこういう親中派外国人の意見が出れば、それをいかにも客観的な第三者の信ぴょう性のある意見に見せかけて国内外で喧伝する。そういうところはなかなか巧妙で、これが中国流のフェイクニュースの作り方なのです。事実、チャイナ外交部（省）の趙立堅報道官は、このロマノフというカナダ人の投書を根拠に、「アメリカ軍人が武漢で新型ウイルスを伝染させた」と主張したのです。

坂東　日本人は素直だから、そういう話を読むと、それも一理あるかなと思い込んだりする。日本は性善説に立った「和」の社会ですから、生き馬の目を抜くような嘘八百を並べ立てないと生き延びられない中国のような社会の厳しさがよく分からないところがある。

共産国家は「密告社会」が支配する

藤井　旧ソ連や今のチャイナのように、共産党が支配する社会は、密告社会が原則です。さまざまな密告を奨励する。たとえば、生徒や学生に対しても、仲間は自由思想にかぶれていないかとか、監視し合う。文革時代は子が親を「共産党批判をしていた」と告発し、これが正直な子供だと賞賛されていた。

これは旧体制が滅んだ東ドイツで明らかになったことですが、親しい友人関係や親子関係でも、「シュタージ」（秘密警察）の命令によって密告をすることが日常的に行なわれていたのです。「ベルリンの壁」が崩壊し東西ドイツ統合がなされたあと、密告された人は、シュタージに保管されている自分に関する報告書を閲覧することができたのですが、そこには、自分が友人だと思っていた人の自分に対する「密告」が書かれていて、衝撃を受ける羽目になったのです。

こういう社会だと、独裁政権に対する横の連帯が成立しません。上から服従を強要されるような社会になる。誰も信用できないからです。これが独裁政権の正に狙い目なのです。時には配偶者もスパイだったからです。もちろん友情関係は発展しません。独裁国家の共産党政権からすれば、そういう密告奨励社会、監視国家のほうが、人民を支配しやすく情報操作もやりやすくなるのは言うまでもありません。

チャイナでいえばさきほどの例のように、子が親を密告することがよくありました。子どもに密告された親は紅衛兵に連行されて収容所に入れられてしまいます。だから、親子の愛情は薄くなるのは当然です。「家族解体」は共産主義者にとっては思うつぼなのです。マルクス主義によれば、家族こそが伝統的ブルジョア（保守）イデオロギーの培養室であり、共産主義者にとっては、家族を解体することは正しい事なのです。

坂東　彼らは密告を手柄にします。孫子の兵法を読むと、戦は最小限にとどめて相手をダマし、被害を最小に抑えて勝つのが至上とされている。だから、何度もいいますが、生活すべてが戦いの場である「超限戦」という発想が生まれるのだと思います。

藤井　孫子が生きていたのは約二五〇〇年前ですが、その頃から戦争は正々堂々と戦うのではなく相手を騙して勝つ、戦わずして勝つのが一番いいとチャイナでは教えられてきた。その教えが、二一世紀の今でも生きていて「超限戦」となるわけです。正々堂々と戦うという考え方はチャイナにはまったくありません。

坂東　「五毛党」のように裏で画策して敵を討ち取ろうとする。それがいま中国は軍備を拡充して、初めて外国と力の勝負をしたい時期なのかもしれませんが、基本は詐術ですので、気をつけるべきですね。

ファーウェイは「超限戦」の先兵

藤井　それは、チャイナの伝統そのものですよ。

こうした中、チャイナが各国にマスクや医療機械を送ったりしましたよね。イタリアのディマイオ外務大臣は中国の医療専門家チーム七人とウイルス検査キット、マスクなどの医療物資が到着したことに大喜びしていました。ディマイオ氏の唯一の「業績」は、イタリアを「一帯一路」プロジェクトに参加させたことです。日本の二階自民党幹事長も、中国から日本にマスクが届いたことに感謝したいといっていました。だけど、この病気を発生させて他の国に伝染させ迷惑を掛けたのは、どこの国かということです。

冒頭で、触れましたが中国共産党の中枢部は、「武漢ウイルス」は恐ろしい感染症であることに去年一二月に気付き、それを契機に不足が予想されるマスクや消毒アルコールを大量に買い占めたわけです。日本のコンビニやドラッグストアで中国人が大量にそれらを購入し始めたのもほぼこの頃です。もともと、日本のマスクはチャイナに七割ほど供給を依存しています。しかし、アイリスオーヤマでは、チャイナで製造した一般用マスクを日本に向けて輸出しようとしたら中国当局から輸出規制がかかってしまった。これに嫌気した同社は日本政府の要請もあってマスクを日本国内での生産に移し替えたほどです。いずれにしても、チャイナが日本に輸出する予定だったものを含めて全部、買い占めていたのは事実です。

坂東　中国は、マスクや医療機械を無償で提供するその見返りに「5G」でファーウェイなどの中国製通信機器を採用するようにとか、「一帯一路」に参加せざるを得ない状況を作り出そうとしています。だから、これからはチャイナを頼らずにマスク、医療機器、クスリなどは自国で生産できるようにするのがベストだと考えます。通信網などはもちろんのことです。日本がもしファーウェイを採用したら、いざという時、通信網は遮断されたりデータが盗まれたりしてズタズタに破綻してしまうし、まず中国と対立する国々が日本を信用しなくなる。そうなったら自由世界は戦争もできなくなる。通信網にファーウェイの製品を採用させようというのも中国の深謀遠慮に基づく「超限戦」の一環だということを見破るべきです。ファーウェイはその先兵なのですから。民間企業ではないのです。

今の日本は「戦時体制」。食糧不足を警戒せよ！

藤井　信頼できて、お互いに契約を守る自由世界の国家同士ならば、経済交流や技術交流をしてもいいけど、そうではない国とは基本的に縁を切るべきで、国民の基本生活を支える物資は国内生産が第一だと思います。アメリカでも、薬品や人工呼吸器などは国内生産に回帰させようという動きが強まりましたからね。

こうした中、日本政府の緊急経済対策の中で地味だけど、非常に評価できるのは海外での生産を一国に集中させるのではなく、分散させる必要があるとして総額二二〇〇億円の予算を組んだことです。規模はアメリカなどに比べると一けた、二けた違っていますが、日本国内に生産回帰させると同時に、中国からタイやベトナムやインドネシアなどのASEAN諸国に生産拠点を分散させようという方針には大賛成です。この予算に関してチャイナという言葉はひとつも入っていませんが、一国に集中させないという対象が、チャイナであることは明々白々です。この緊急経済対策は、今後の日本の対中戦略の上で非常に大事な一歩となります。いい方向に安倍政権は踏み出してくれたと思いました。「超限戦」に対抗する上でも「中国外し」は重要です。

坂東　また、「超限戦」に含まれる「ありとあらゆる」観点として次に大事なのは世界的な食糧不足の問題です。すでに、その兆候が出ています。ロシアが小麦の輸出を禁止し、逆に中国がコメを五千万トン買い占めました。中国では年間一億トンぐらいコメを消費しています。最近、穀物の値段がやや安くなったこともあり買っているようですが、今回の「武漢ウイルス」の悪影響も今後あります。中国では工業生産だけではなくて、農業生産も支障を来たしているのです。日本国内でも海外からの「農業研修生」がやってこなくて生産収穫に支障が出ています。

藤井　中国では豚コレラもありますね。世界中にこの病が流行してしまって、豚肉の輸入国であるウクライナなども困っています。その一方で豚肉の輸出国であるロシアは輸出を抑えています。それによって豚肉など食料の値段が中国では高騰し始めています。まだ本格的な食糧不足の局面に来ていませんが、長期的には用心しないといけません。

坂東　小麦粉は、ステイホーム、巣籠もりがピークだった五月前後の時には、日本では家で子どもたちにホットケーキをつくるのがブームになり、ホットケーキミックスの粉が店頭から消えたりもしました。小麦粉とそれとセットに使うバターも買い占められ、メルカリで、品不足だった時のマスクの価格もビックリするような高値で売られていました。ある意味、マスク不足以上に深刻な事態だったのです。

中国から来ている留学生も、おそらく、買い占めに駆り出されているのではないかと疑っています。実際、マスクの買い占めにおそらく中国人や、韓国人の学生などが動いていたと見られています。だから、お店では日本語と中国語、韓国語で「ひとり二箱までにしてください」とか書いてあった。薬局の店員さんたちは、お客と接し、その使うカードや言動から、購入者が特定の外国人に偏っていることを知っているからこそ、英語では注意書きを貼り出さないのですよ。

買い占めが組織的に日本国内で行われて、私たち日本人は身近なところから、苦しめられた。マスクやトイレットペーパーのみならず小麦粉、バター、インスタントラーメンなどの食料品も一時的にせよ不足気味になった。ですから、今の日本は、中国の武漢市から発生したウイルスによって「戦時体制」を生きていると考えるべきでしょうね。戦争だとすれば、戦線や戦場や最前線があるのですが、いきなり全面戦争（トータル・ウォー）になってしまった。水際で武漢ウイルス患者を制御できずに国内に流入させてしまい、感染爆発寸前まで招来してしまった。そのために、日本人の日常生活の場が「最前線・戦場」に陥っている状態です。ですから政府は今回の教訓を学んで、先手を打ってほしいと思います。スーパーなどでの食料品不足も、ネットなどでの噂（品不足になる）が原因で発生した。その背景に中国の五毛党など外国勢力が不安を増長させようとしていなかったかの検証も怠らないようにすべきでしょう。

敵（トランプ）を除去したいチャイナの野望

藤井　それから「超限戦」として重要なのは敵国の経済力を弱体化させることです。経済力が落ち失業率が増大すれば社会不安が増し、国の総合力が低下するのは必至ですからね。米セントルイス連銀のブラード総裁が三月の時点で、今後の四－六月（第２四半期）の米失業率は最悪三〇％になる可能性があると予測していました。これは一九二九年の世界大恐慌以来の最悪な数字です。単なる不景気でもなく、恐慌でもない。本当にそうなれば大恐慌です。幸いこの最悪の状態は避けられました。

今のところ米失業率は、四月は十四・七パーセントで、五月は少しマシになって十三・三パーセント、六月は十一・三％、七月は十〇・二％だった。しかし、リーマンショック時の最悪の失業率は十パーセント（二〇〇九年十月）でしたから、それ以上の深刻な事態になったのは確かです。リーマンショックの時は金融構造上の問題で、それに対処すればよかったわけですが、今回はウイルス拡大が、収まらないと根本的な対策にならないというのが厄介です。アメリカは、感染拡大防止策を一生懸命にやっているけど、収束に向かうために最低でも後、六カ月はかかるでしょう。トランプ政権は、二〇二〇年六月から、経済を再始動させていますが、第二波の到来が心配です。

トランプ大統領にとって十一月の大統領選挙で、最大の敵は民主党のバイデン候補ではありません。「武漢ウイルス」そのものです。繰り返しになりますが、大事な事なのでいわせてください。チャイナからすれば、「武漢ウイルス」感染拡大でトランプを大統領から引きずり下ろすことが出来れば、自分も傷つくけど、最大の敵を除去できるわけです。バイデン・ファミリーは既に買収ずみです。

もちろん、ウイルスの感染拡大はトランプ大統領の責任でも何でもありません。しかし、対策が思うような効果を上げられず、最悪の経済状態から脱出できなければ、大統領の責任だと感じる庶民が多くなるのは当然のことです。民主党もリベラルなマスコミも経済不振はトランプの政策が悪いという論調で、大統領を攻撃、宣伝しています。

私としてはアメリカの感染防止と経済対策は的確だと思います。一月三一日に中国からの入国を全面禁止したのもよかった。しかし、それ以前の一月中に中国から大量の旅行者がたくさんアメリカに入国したのは事実です。全てが中国人ではありませんが、一月に約四十三万人がチャイナからアメリカに入国しています。アメリカ国籍の在米中国人たちが里帰りで米中間を行き来もした。二月はたいしたことも起きなかったので、政権関係者や、CDC（アメリカ疾病予防管理センター）はしばらく様子見でした。その点で、アメリカ政府は一月、二月は油断していたといえます。同じことはニューヨーク州にもいえます。その間に、武漢ウイルスは、ヨーロッパ経由で米国東海岸にも侵入していた。だから、そういう観点からすると対策が遅れた感は否めません。三月上旬から感染爆発となりました。

トランプ大統領は、武漢ウイルス対策で一月、二月は油断していましたが、それ以降は非常によくやっていると思います。

世界最大の死者数といわれていますが、人口比（十万人あたりの死亡者数）で見ると、五月末日現在のデータだと、最悪なのはベルギー（８２人）で、以下スペイン（５８人）、イギリス（５７人）、イタリア（５５人）、フランス（４４人）、スウェーデン（４３人）、オランダ（３５人）、アイルランド（３４人）で、アメリカは３１人です。ちなみに十万人当たりの死者数の国別の「ワースト10リスト」でアメリカは第９位です。健闘している方です。ちなみに日本は０・７人弱です。台湾は０・０３人弱。そして、なんと中国は０・３２人。中国は日本よりも人口比では少ないことになっていますが、この点からもやはりチャイナの数字は偽造されており、どう見てもヒトケタ多いはずですね。

ともあれ、今から思うと、日本も同じ時期（一月末）に中国人の全面入国禁止をすべきだった。これをやっていれば、日本の被害はもっと少なくてすんだ。日本は中国人の全面的な入国禁止をアメリカより五週間遅れて三月になって行なったわけです。アメリカでは、すでに死者は六月末には一三万人を超えました（七月末には十五万人に達しています）。普通のインフルエンザだと、アメリカは二〇一一年〜一八年の八年間で合計して六万人前後、死んでいます。今回の「武漢ウイルス」は半年もたたないうちに、その二倍を超えてしまったわけです。数量的なイメージとしてとらえると、やはり、この病気はアメリカにとっては深刻な問題だと思います。

中国人の入国を緩和したらまた大変な目にあう

坂東　一方、中国は四月八日、発生地である武漢市の封鎖を一番最後に解除して、もう収束したというイメージ戦略を展開し始めました。が、全土に向けてちゃんとした収束宣言は出さないと思います。宣言を出してしまうと、二次、三次感染が拡大した時には責任問題になるからです。だから、各省ごとに都市封鎖をやっていたので、それぞれの首長が判断するというカタチでやっていくでしょう。とはいえ、中国全体として、このままでは経済が動きません。以前からアメリカに締め付けられて中国経済は大変な状況にありますので、何とかして工場などを稼働していきたいという気持ちを持っているはず。

藤井　延期されていた全人代を五月二八日になんとか終了したこともあって、中国全土への収束宣言は近いと思う。八月上旬に中国全土の収束宣言をやるのではないですか。どうもその予定らしい。しかし、六月中旬になって、北京まで感染が爆発して、習近平の面子は丸つぶれです。

坂東　対外向けにはやるかも知れませんね。逆にいうと、責任の所在を明らかにしてまでも収束宣言をするのであれば、それほど中国の経済状態は苦しい状況に追い込まれていると想像することができます。しかし、中国政府が全土に収束宣言を出したとしても、実態は収束されていない。すでに中国の遼寧省や黒龍江省、吉林省などの東北部や安徽省とかは再び感染が増える兆しがあります。北京は全人代と政協会議の両会開催直後に市内の市場がクラスターとなっていたことが判明していますが、連日の会議後の宴会の食材はここのものが使われた可能性があり、しかも取り巻きを引き連れて参加していた委員たち数千人は既に各地に帰郷し分散しています。中国は領土も広く人口は世界人口の四分の一ですから、感染にもタイムラグがありますし、各自治体がトップの責任を回避するため感染の事実を公表したり上級行政機関に報告したりすることも難しい。再感染は韓国など諸外国より凄いことになるかも知れません。もっとも、そのときにまた中国との行き来が再開していれば外国の感染者が中国にやってきて拡散させたと言い逃れるつもりかもしれません。責任転嫁は中国共産党のお家芸ですから（苦笑）。

藤井　いずれにしても、今の状態で収束アピールに従って都市封鎖を解除して、高速道路の往来を自由にして、飲食店やショッピングセンターの出入りを自由にすると、中国国内で再感染者が一気に表面化する可能性が高いと思います。北海道や東京でもそうなりましたからね。今（七月下旬）チャイナでは都市の再封鎖が始まっています。

坂東　内陸部の労働者たちが、稼ぐためにどっと沿岸部に出て来ているため、電車やバスは超満員です。しかもまる一日、すし詰め、密閉密接状態のまま長距離を移動して出稼ぎに来ていますから、推して知るべしでしょう。今は大丈夫かもしれませんが、彼らがまた帰省する前の今年のクリスマス頃にはまた大変なことになっていると思います。

藤井　地方からの出稼ぎ労働者は二億人ぐらいいるという。

坂東　その通りです。沿岸部の上海とか福建省に移動する人が日本の人口以上いるといわれていますね。

藤井　そうなると、第二次アウトブレイク（感染拡大）が中国であちこち発生しますね。

坂東　民族大移動ですからね。しかし、沿岸部の都市に戻ってみたら、いままで勤めていた会社が倒産したり、不況で雇ってくれなかったりするわけです。その一方で、冬にまた感染が始まれば、都市部の住民たちからは、「あいつら（地方から来た労働者）は感染しているかもしれない」との理由から、排除する動きが台頭してくるでしょう。夜になると地方労働者たちが、袋叩きにされる事件だって起こりそうです。中国国内ではこうして徐々に混乱を深めると予想されます。

藤井　武漢コロナ感染が収束するどころか、チャイナでは依然として感染者は増えていくと思います。間違いなく第二次感染拡大を迎えます。武漢市はウイルスを制圧したカタチにしていますが、統計上、無症状なら感染していても確定感染例には入れないようにしているという。これでは「感染者がゼロ」になったとしてもナンセンスです。

坂東　四月八日に武漢市が解除されて以降、中国国民の一部は安心し、楽観的なムードになっています。武漢市の国際空港も再開しました。日本政府や他国はそれに騙されないようにしないといけません。

日本が、中国人の入国を安易に認めて再開したら大変な事になる。日本政府が原則、入国を拒否している対象は百の国や地域にのぼりますが、感染が収束傾向にある国とは、海外との往来を少しずつ再開する意向です。具体的には三段階で緩和する計画で、最初はビジネスマンや研究者、次に留学生、最後に観光客とすることになり、まずはタイ、ベトナム、オーストラリア、ニュージーランドの四カ国のビジネス渡航を認めようとしています。PCR検査の陰性証明書と行動計画を検出すれば、日本に入国してからの二週間の待機を免除することにするとのこと（日経六月五日付け）。

こういう国々とは相互主義で往来を緩和していくのはありかもしれませんが、中国が収束宣言を出して、出国規制を解除したとしても、それをそのまま受け入れず、懐疑的に動くべきです。いずれにしても、入国の管理は国民の安全、健康を第一にしてやって頂きたい。

藤井　中国の場合、おそらく確定感染者数、死者数も発表されたものよりも実際は何十倍もあると思います。イギリスのジョンソン首相が入院（その後、退院）しましたが、彼も中国の発表はウソだと知って大変、激怒したと伝えられています。トランプ政権の関係者も、同様に怒っています。

また、親中的な態度を見せてきたタイでも、中国に対して不信感を抱き始めたようです。中国メディアが武漢市民にインタビューして「本当に武漢市は安全ですか」と尋ねると、「そうではない」と答える始末です。「おそらく、隠れた感染者がたくさんいるだろう」と。ですから中国政府の発表をまに受けて日本政府が中国人の入国を認めてしまうと、それは非常に危険だと思います。それは絶対にやらない方がいい。

中国を被害者に見立てる「三文芝居」の裏舞台

坂東　日本のある会社員が一度、中国から日本に帰国したのですが、二月下旬には再び中国へ戻って働いています。この人は二週間、中国で隔離されていました。他にも中国に入国せざるを得ない他国の企業戦士みたいなのがいたようですがそれで中国は何をいっているのか。「我々（中国）はコロナウイルスを制圧したが、後から入ってきた外国人が怖い」と盛んに宣伝しているわけです。つまり、中国では収束したと言っていますが、感染の再爆発が懸念されています。現実に感染が再び拡大したら、前述したように、中国に戻って来た外国人のせいにしてしまえばいいと考えているのです。

二週間隔離しても感染拡大は防げなかったという理由で、中国の正当性を守りたいという計算が働いています。それにしても日本人はお人好しです。その反面、日本に来た中国人を強制隔離していません。強制力がないからです。二週間、外に出歩かずにホテルなどにとどまってくださいとお願いをしているだけです。

藤井　中国共産党は「武漢ウイルス」に関していえば明らかに加害者ですよ。しかし、とりあえず被害者の振りをしました。次にどうなったか。その次の局面ではチャイナは英雄ですよ。この病気を一番、早く克服したのはチャイナだと。三文芝居を演じている。そして世界に、「チャイナに感謝しろ」と威張っている。

坂東 その主演を演じていたのが、中国工程院の院士で武漢ウイルス対策チームのトップ鍾南山さんです。この人が、ウイルスの「人から人への感染」を明らかにした事で、初めてこのコロナウイルスの恐ろしさと、隠蔽が暴露されて世界中が大変な事になった。

藤井 鍾南山氏は中国政府側の対策責任者の医者ですが、非常に巧みな事実のすり替えをしています。「これ（新型コロナウイルス）は一国の疾病ではなくて、人類の疾病だ」というわけです。

坂東 つまり自分たち（中国）のところから始まったことを隠蔽したいわけです。

私も鍾南山先生についてはＳＡＲＳ隠蔽を暴露するなどの功績があったことからとても尊敬していたのですが、今回の件ではがっかりしました。彼への失望は中国国内からも聞こえていますよ。

藤井 ところが面白いことに、習近平の足を引っ張っている共産党幹部がいる。二月二六日に中国で『大国戦疫』という本が出ました。大国というのは、文字通り大きな国、戦疫は「疫病と戦う」という意味です。これは中国共産党のプロパガンダ書籍ですが、「武漢ウイルス」に対処した習近平同士の卓越した指導力、中国共産党体制の優越性を宣伝する内容でした。

ところが、さすがに、刊行してから一週間足らずの三月五日に発売中止となった。何かあったのでしょう。これは大衆が反発したというよりも、共産党内部の権力抗争で、習近平の手柄にさせないぞ、という反対勢力が力を発揮したのでしょう。背後に中国共産党内の凄まじい、権力闘争があるのは確かです。

「超限戦」と称して、武漢ウイルスでトランプ政権に打撃を与えたとしても、ブーメランで自分の権力基盤も弱体化させてしまった。習近平は内心、しまったと臍《ほぞ》をかんでいるかもしれない。

坂東　そうですね。それにしても、中国は世界中を舐めていますよ。中国には「不打不成交」つまり「ケンカくらいしなくては付き合いが成り立たない」ということわざがあります。実際そのような人付き合いをしているので、まちなかでも喧嘩が絶えず、上海では商店街などを歩くと一日で二～三件の口論や、つかみ合いと出くわしたものですが、そういうつもりで世界各国とのつき合いを望んでいるなら、孤立して当たり前でしょう。

住民の入れ替えを平気でする

藤井　尊大すぎる。自分たちは巧く対処しコロナを抑えたんだから、加害者の中国を尊敬しろというわけですからね。いずれにしても、そういう恥知らずの国です。

実は三月五日に国務院の孫春蘭《そんしゅんらん》副首相が武漢市を視察しました。集合住宅を公式視察している最中、住民たちが窓を開けて「全部ウソだ」「政府は何をやっているのだ」など突然、政府批判をしたのです。その叫ぶ様子がインターネットで出回りました。どうも住民たちは、そのとき、野菜や肉を配達する振りをしていた管理者に対する怒りがキッカケだったようですが、政府当局の危機対応に市民たちの根強い不信感があり、怒りが爆発したのでしょう。強い不満が渦巻いているのは確かです。

この動画が、中国版ツイッター「微博《ウェイボー》」に投稿されたことにはビックリしました。普通ならこの手の動画は当局の検閲により即刻、削除されるのが当たり前です。しかし、しばらく流れていたのです。これは偶然ではないと思います。

坂東　中国共産党の内部に習近平批判を望んでいる勢力があるのです。全人代では、国務院総理の李克強が五月二八日閉幕後の会見で「中国の平均年収は三万元（約四十五万円）だが、月収千元（約一万五千円）の人も六億人おり、中規模の都市で家を借りることすらできない」と、正直に答えたことから、ネット上では「よく言ってくれた！」「やっと本当の話が聞けた」などと賛同の声が上がっています。李克強は武漢でのウイルス感染が一番危険度を増していた一月二十七日には武漢視察を実施していて、そのはるか後の二月十日にやっと北京を視察し、武漢視察は三月十日だった習近平に対抗する人気を得ています。

藤井　それで、三月一〇日に習近平が武漢市に視察へ行った時には完ぺきな戒厳令が引かれ、その下で行われました。私が聞いた話では、街を歩いている人はみんな警察官の扮装。住民が団地のベランダから出ないように、警察官が一戸当たり二人で監視して、「お前たちはベランダに出るな」と命令し、私服の警察官が市民のフリをしてベランダに出て、にこやかに手を振る演出までしたというのです。そうした異常事態の中、武漢市はもう大丈夫だと習近平は内外に宣言したわけです。

昔、ソ連共産党は何十万人の少数民族を強制的に中央アジアからシベリアに移住させたことがあります。そういうことを共産主義国家は平気でやるのです。だから、武漢市で新型コロナウイルスに罹患《りかん》した市民は全員、どこかに連れて行ってしまい、その代わりに健康な人を武漢市にドンドンと連れて来て、住まわせてしまう。それで武漢市はもう大丈夫ですと宣伝する。いざとなればそういうことをチャイナは出来るんですよ。

坂東　住民の総取っ替えまで共産党は平気でやるのですね。

再開した工場で全員が感染

藤井　それと、実際に中国で感染している数や死亡者数は共産党の発表数字より下手すると、一ケタ、あるいは二ケタ、多いのではないかと思います。死者は数千人ではなく数十万人の可能性はあります。それで思い出すのが「郭文貴《かくぶんき》」という男です。中国の実業家で事業に成功したのですが、二〇一四年にアメリカに亡命しました。今でも中国共産党の腐敗した内部情報を発信しています。

どこまで本当のことなのか、分かりませんが、中国共産党トップクラスの一部とまだつながっているようです。その郭文貴が一月上旬に言っていたのは「中国共産党の幹部たちの間で早く、武漢を離れろという話をしていた」というのです。つまり、一刻も早く武漢から脱出しろと。共産党トップは「武漢市と湖北省は見捨て、政治中心の北京市と経済中心の上海市だけは何とか守る」と言っていたそうです。しかし結局、それも出来なかった。武漢の都市封鎖から二日も経たないうちに北京市の規律委員会メンバーに感染者が出てしまった。そして、そのメンバーは死亡しました。六月下旬には、北京でまた集団感染が発生している。

三月六日の時点で、依然として五五の都市が封鎖されていました。その一方で三月一〇日から工場を再開しろという命令を中央政府は出したわけです。北京政府の命令は矛盾していて「隔離はしろ、しかし工場やビジネスは再開しろ」と。そんなことは出来ません。蘇州市近郊で、二百人ぐらいの工場が再開したところ感染者が出て、全員が感染して隔離されてしまったそうです。

坂東　都市封鎖となった時に、高速道路では、北京は北京ナンバー以外、上海は上海ナンバー以外のクルマを通行止めにしていましたが、完璧な封鎖は出来なかったようです。武漢などから逃げた党幹部やその家族にも感染者がいましたからね。

藤井　物流を完全にストップさせたら食料とか日用品が入ってこなくなります。すると都市は持たないから、物流は止められません。ただ、人間は検問して外部から入れないようにする。これが都市封鎖の実態だと思います。そのために、感染から守ると宣言した北京市や上海市の中枢都市まで感染の波が押し寄せてしまったのです。

路上や自宅で死亡した人はカウントされず

坂東　感染者の発表数字ですけど、死者数はおそらく病院で死んだ人数だけでしょう。路上で突然倒れて死んだ人たちは死因を特定せずにそのまま火葬場に搬送されていますのでもちろん感染死としてはカウントされていませんし、また六割ぐらいは自宅で死んでいて、そういう人たちも死者数に入っていません。一人住まいの人はいまだに発見されていないこともありうる。高層マンションで死んでいたりすると、それを発見するのが大変です。しかも当時は電気が止まってエレベーターが動かず、大変な事態になっていました。ですから、感染者による死者数は少なくても、発表数字のプラス六割増しか、もしかするとケタが違うかも知れない。いずれにしても、中央政府が発表している数字は全然、当てになりません。このほかに、前述したように、路上で死んでしまった人もいます。

藤井　バタバタ、路上で死んでいる人がいるという話ですからね。

坂東　本当に路上でバタッと倒れてましたからね。感染の疑いがもたれていない人が突然、死んでいたのです。おそらく、そういう人は潜在的な感染者で、本人も気づかないまま感染していて、元気なときにウイルスをばら撒いてしまっている可能性があります。そうした感染者が急速に悪くなって路上に倒れてしまう。冒頭に触れましたが、誰も感染を恐れてそのまま放置するため、至る所で遺体が路上に転がってしまっている状況です。

藤井　ということは、その周辺はウイルスだらけということになりますね。

坂東　それが死者数にカウントされていない可能性があります。

死体袋が廊下に放置

藤井　どこまで本当か分かりませんが、ネットの動画では、武漢市の病院内では死体が袋に入れられて廊下に放置されていました。看護婦はそれを片付けるので手がいっぱいと言っていました。

坂東　袋が足らない状態で、子どもの場合、大人用の袋に三人一緒にいれて焼却炉に持って行ったという。日本でも、感染症で亡くなると、二四時間以内に荼毘《だび》に付す必要があり、お通夜も出来ないことになります。中国でも家族以外の人が集まる大規模なお葬式は禁止されています。中国の地方病院で死亡した場合、死体をすぐに袋にくるみ、火葬場に直行。近親者どころか家族の最後のお別れさえ、無理な状況です。日本の場合きちんと遺族に連絡を取りますが、感染でお亡くなりになった志村けんさんのご遺族が火葬にさえに立ち会うことも出来なかった、とコメントしてましたね。

藤井　私は日本国内でも、アウトブレイク（感染拡大）というか、二次感染で多数の死者を今後覚悟しないといけないのではないかと思います。再び、感染経路が分からない人が増えています。七月に入り、東京では第二波が始まったのではないでしょうか。

坂東　もはや、日本人から日本人への感染状態ですからね。しかし、今後、安易に外国からの訪日を認めるようになると、感染ルートがさらに拡大することにもなる。

藤井　そうです。チャイナとまったく関係のない日本人同士で感染していく上に、またチャイナからとなると大変なことになる。すでに日本から中国への技術者がかなりの数、派遣されています。要注意です。

携帯電話の解約件数が死者の実態を表すのでは？

坂東　そこで、気になる数字があります。中国の携帯電話の解約数が急増していることです。今年一月の解約数は一四四七万台だったのが、二月に入ると二一〇〇万台に急増しました。一カ月間で約六五〇万台も契約解約が増えたのです。一人に携帯電話一台とも限らないし、中には中国当局から通話が把握されるのを嫌がり一度に何台も契約していたケースもあり、そういう人たちが経済的理由で契約を解除したことも考えられます。また、業者が電話をたくさん所有していたのが、何らかの理由で、一気に解約したこともあるかもしれません。しかし、この解約増加の背景には死者の人数と関係していたのではないかと私は疑っています。

藤井　同感です。チャイナ国内の携帯電話の話ですが、二月に二一〇〇万台の契約が失われたとはどういうことなのか。二一〇〇万人が対象になっているわけです。一人で何台も持っている人がいるかもしれませんが、中にはコロナなどの病気でお亡くなりになった人もかなりいると考えるのが普通でしょう。一割としても二一〇万人になる。中国が表向きに出している数字（七月末で死者五千人弱）というのはいかにウソであるか、これは客観的な状況証拠です。中国政府のウソを証明しているのではないかと思います。

坂東　南京虐殺数は水増しし、武漢ウイルスの死者数は減らすということをやっている。武漢市には、北京市からつながる京広深港高速鉄道（全長二二六〇キロメートル）があります。日本でいう新幹線みたいなもので、それが縦につながっています。それと、上海から成都までの東西をつなぐ武漢蓉高速鉄道（同一六〇〇キロメートル）が通っていて、その中間地点に武漢市はあります。武漢市が一月二三日に夜中二時に封鎖すると発表した時に五百万人の武漢市民が始発の電車や高速道路に殺到して中国全土に逃げたと言われています。それで感染があちこちに広がった。各地方で感染が広がり、未だにまずい状態が続いているわけです。

「東京アラート」よりも「中国アラート」を日本政府は発信せよ

坂東　実際、出稼ぎの農民工の人たちが沿岸部の都市で働けていけるのかどうか疑問です。倒産が急増して失業者が街にあふれているといいます。ここまで中国経済が酷くなったら、利益を持ち出して逃げてしまう企業の経営者たちは少なくないはずです。

藤井　中国の多くの経営者はそのように考えているでしょうね。

坂東　おカネのあるうちに企業を閉めてしまった方がいいと思うはずです。労働者が戻って工場などを稼働してもすぐに行き詰まり賃金が払えなくなるのは、目に見えています。すると従業員が抗議行動を引き起こす可能性がある。訴えられたり、抗議や暴力を受け、工場に火をつけられたりしたら大変です。労働争議に関しても、日本の労組とか事情はまったく違います。キチンと整列して胡坐《あぐら》を組んで、闘うぞと雄叫《おたけ》びを挙げる程度の組合ではありません。場合によっては殺し合いにまで発展しますから。過去にそういう事案がいくつもありました。

そのような状況になるぐらいでしたら、企業経営者は夜逃げした方がいいと考え出す。沿岸部に工場は集中していますが、職なし、カネなし、宿なし、親戚からも離れてしまって、失業者たちは路上生活者（ホームレス）に転落してしまう。

加えて、感染の再拡大が発生すると、現地は大混乱になってきます。そういうところに、日本企業がうかつに乗り込んだら目も当てられません。武漢ウイルスの感染が収まったようだからと安易に考え、ビジネスマンや技術者が再び中国に行ってしまうと危ない。すでに、危険を察知して中国撤退に動き出した会社があります。「東京アラート」よりも「中国アラート」を日本政府は発信すべきでしょう。

地方の村ではまた道路を封鎖し、自主的に警戒を始める自治体もでてくるでしょう。極端な例ですが、感染はこれからがピークを迎える地方があるかも知れません。

藤井　それをキッカケにして感染拡大がさらに勢いづくことだってあり得る。中国国内は厳しい状況に陥るでしょう。

米国黒人差別デモ以上の反習近平デモが起こる？

坂東　すでに中国国内で混乱の兆候はあります。感染がピークの頃、ある地方では、武漢出身者を見つけたら逮捕監禁してましたからね。また武漢出身者が入っているアパートに横断幕が巻き付けられ、それには「このアパートには武漢人がいるから気をつけろ」と書いてあるのです。玄関の鉄の扉を溶接されて出られなくなった武漢人の世帯も動画にアップされていましたが、日本では感染したからといって「犯人」扱いはしません。中国では感染者という理由だけで、警察官が、その住居に踏み込んで、手足を縛りつけて連行してしまう。そういう憂うべき事態になっていました。今年の冬にまた流行すれば同じことをするでしょう。

藤井　私もそういう映像を見ました。

坂東　堂々巡りになりますが、この「武漢ウイルス」はいつ収束に向かうのか。武漢市の封鎖が四月八日に解除され、北京政府は収束しているイメージづくりに懸命です。しかし、感染者は増えているのではないかとさえ疑ってしまうし、実際にエリアごとの封鎖は現在も続いていて、収まる気配はありません。こうした中、中国市民の不満は爆発寸前です。

今後は、ハッキング（コンピューターへの不正侵入）など、いろいろなことを含めて、中国の内外で破壊活動が展開されるかも知れません。

また中国政府がきちんと情報を統制し、人民の怒りを買うような情報を制御して隠蔽していかなければ、アメリカのように、感染の危険性さえ忘れて暴動が発生する可能生も十分に考えられます。

藤井 社会の機能不全から市民の不満が溜まっており爆発寸前です。

坂東 共産党政府が感染当初、人から人に感染するという情報を隠蔽していたのは明らかですからね。どこで、なぜ、どう隠蔽していたのかという疑念が中国国民にも広まっています。多くの国民はウイルス感染で大切な身内や友人、恋人を亡くして、自分も感染するリスクが高まっているのです。当然、市民たちの間で共産党政権に対して不満が鬱積《うっせき》している。市民や労働者たちが文句を言い出すのは収束宣言が出て職場に、労働者が集まった時です。労働者の間で「誰だ、責任者は?」という話となり、地方政府を「潰そう」という声が出始めます。こうした行動が全国に「燎原《りょうげん》の火」のごとく広がる可能性が今後ある。天安門記念日（六月四日）の前後、米国で黒人差別反対デモが拡大し、中国は嬉しそうに大々的にそれを報道していましたが、これまたブーメランになる可能性が高い。

また、最近、中国の武漢で謎の爆発があったということが伝えられています。ウイルス研究室を証拠隠滅のために爆破処理したのではないかとかというウワサも囁《ささや》かれています。どうも研究所そのものが無くなっている、という話もあるようですが、いつ無くなったのかはわかりません。さらには、天津市武清区で、習近平襲撃を狙った戦闘機がミサイルで撃墜された事件が発生したとも聞いていますが詳細は不明です。

これらの話は裏付けが取れないので正確な事は分からないのですが、そういうきな臭い話がこれからたくさん出てくると思われます。米国の黒人差別デモも、白人警官が容疑者の黒人の首を膝頭で押さえつけ殺害した映像がSNSを通じて流れたのがきっかけになりましたが、今後、中国もそうした民衆が撮影したスクープ映像が国際社会に広がっていけば、安閑とはしてはいられなくなるでしょう。アメリカもやられっぱなしであるはずがなく、もしかすると積極的にそうした情報戦を展開して中国内で暴動を惹起《じゃっき》する可能性もある。それが本来の国際社会の一面でもあるからです。

藤井　ウイグルの収容所などの実態が暴露されることもありうる。少なくとも香港があれだけ欧米から注視されているのも、反中国デモを弾圧する警官の姿が世界中に流れているからです。

ともあれ、そのような中国当局にとって都合の悪い情報が出回るようになった。文革時代には考えられないことです。まだ情報が規制されている結果、謎の爆発とか、火事とか、そのようにしか伝えられないけど、それらを日本人がどのように読み解くのか。裏の事情が分かっていれば、中国へ進出している企業の対応が変わってきます。

それから都市部で人民の蝟集《いしゅう》が問題として急浮上してくるでしょう。蝟集とは、「たむろ」を意味します。具体的には道路に座り込んだり、酒を飲んだりして、人が集まった状態を指します。人の蝟集が発生すれば、不満を口にして、ウイルスに対する怒りが巻き起こるのは当然です。それが目に見えて増えています。蝟集している人たちの怒りの矛先が地方や中央政府に向かうことになるでしょう。

それにプラスして最近では元解放軍の兵士までも蝟集しています。習近平は陸軍を中心に三〇万人削減するなど、退職した人民解放軍兵士は待遇を巡って不満を募らせています。この集団は烏合《うごう》の衆ではなく、規律ある元軍人ですから集団的な行動力があります。これが、反政府活動に向かったらどうなるか。普通なら、それを抑えこむ軍隊がいるはずです。しかし、明日は我が身となる先輩の処遇を自分の身に置き換えて考えた場合、最前線に立つ若い兵士たちでは、抑えきれません。

藤井　退役軍人のデモが頻繁に起きているようですね。

坂東　あと、心配なのが、アメリカ民間人が中国から今年夏以降、順次年末にかけて、ほぼ全員が、撤収を開始する可能性があるという点です。これは私の個人ルートから知った情報で、まだウワサの域を出ていませんが、あり得ない話ではないと思っています。気になるところです。ただ、米中対決が激しさを増しているのは事実で、こうした過程で、中国にいるアメリカ人が、かつてのイラク・フセイン時代のような形での「人質」になりうるかねないと米政府は危惧し始めているようです。徐々に帰国を促すというカタチを取ることになるでしょう。

藤井　七月二十三日のポンペオ国務長官の中国敵視発言以降は、大いにありうると思いますね。サプライチェーンの問題に関わってきますが、米中の紛争レベルが上がってくると、共産国にいる自由主義陣営の人は、みな人質にされてしまいますから、非常に危険です。日本人も「明日は我が身」で備えるべきです。

坂東　私はそういう危険が今秋以降、具体的に出て来るのではないかと見ています。中国は来年共産党結党百周年のイベントを開催するわけですが、そこではっきりと共産党の功績を示すため、人民の誰にも分かる形で他国に対する優位的立場を形にするはずです。具体的に言うと、その一つは海上自衛隊への攻撃ですが、当然長期に渡る部隊の命運をかけた交戦はできません。皆一人っ子の軍隊なので、戦死者を出すと御家断絶に見合った賠償が必要になるからです。考えられるのは一瞬のやり逃げか、核の使用でしょう。ネット攻撃は派手さがない上に人民に分かりにくいため百周年前にやったとしても自慢できませんからね。

その報復を封じるために、中国内での人質と、日本国内の反戦活動家が必要です。日本政府がこういった情報を的確に摑み、各省庁が連携して政府レベルで対応策をしっかり練っていかなければ、現地日本人とその家族までもが人質になります。そこに日本の動きを封じ込めたい人権派も「戦争では何も解決しない」として飛びつき妨害するでしょう。だから今年一月から三月にかけての中国人シャットアウトの処断遅れと同じような判断ミスをしないようにしてほしい。このためには日本政府はいち早く、アメリカの動きを察知しないといけないわけです。日本の情報機関の能力はそれなりのものがあるし、産業スパイを取り締まる「不正競争防止法」や特定秘密保護法などもある。

しかし、スパイ防止法もなく、国家的情報セキュリティ面について、日本は必ずしも世界に信用されていません。だから今回、民間人撤収の動きがあったとしても、日本に伝えたら、中国に筒抜けになってしまう危険性があるとアメリカが判断してしまう虞《おそれ》がありま す。そうすると、日本に情報が入ってきません。私たち日本は、今後生き残るためにも独自のインテリジェンスのアンテナを張って、対応しなければいけないでしょう。自衛隊などの「防衛力」のみならず、民間企業や個人一人ひとりの、自分のためだけではない家族や地域のための対中インテリジェンスの能力が問われるようになってきます。中国の「超限戦」に対抗するためにも、それが大事です。

四千億匹のバッタが中国の食糧を食い尽くすか

藤井　それと、中国で今後頭痛のタネになると思われるのがバッタです。四千億匹のバッタがパキスタンから、今、中国に迫っているらしいですね。

坂東　このバッタはアフリカの方から、発生してドンドン、増えていっているわけです。二つの方向に分かれて、ひとつは東に向かっていました。バッタは四千億匹といわれていましたので、中国は被害が予想されるパキスタンにアヒルを一〇万匹送るという提案をしました。アヒルにバッタを食べさせて防ごうというわけです。アヒルは一日平均で二百匹のバッタを食べるそうですが、それだと一〇万匹ですから一日に二千万匹を食べるのが限界です。四千億匹飛んできたら、五四年間食べ続けなければいけない。アヒルが五四歳まで生きるかどうかという話です（苦笑）。

それと、パキスタンは水がないところなので、アヒルの生息には適さないのです。そもそもアヒルを生きたまま、運ぶのは大変ですし、その先で水の確保はどうするのか。それがないと、送ったアヒルは干からびて死ぬ。それで、アヒルを送るのを中止にしたらしいのです。

私としてはサバクトビバッタが南を回って雲南省から中国に侵入してくるのはちょっと難しいと考えていますが、中国の国家林草局では、バッタは今後五百倍に増加して中国に侵入してくる恐れがあるとの予想を発表しています。四千億匹の五百倍ですから、二〇兆匹になります。これは最悪を見越しての誇張された数字だと思いますが、このバッタというのは熱帯地方には行かないそうです。それと海抜二千メートル以上は越えられません。ネパールのヒマラヤ山脈、チベット高原には飛んできません。寿命は三カ月～六カ月で、一年間に二世代～五世代変わります。バッタの勢力は衰えずにミャンマーのほうに回って、中国の雲南省には到達するのではないかと推測されていますが、中国では度々蝗害《こうがい》が発生していますし、既に中国東北地方や内陸部ではトノサマバッタが大量に発生して被害が出ているとの情報が出ています。別の種類のバッタが別の国や中国国内の地域から発生する可能生もありますね。

藤井　サバクトビバッタではなく、イナゴです。イナゴの大量発生は歴代王朝を崩壊させてきた。中国政府はそれを恐れている。日本で売られているマスクや消毒液を買い占める中国なら、今後、日本のコメや農産物の買いつけに躍起となる可能性もある。日本も注意が必要ですね。もちろん、中国産農産物の輸入が途絶える恐れもある。前向きな食糧備蓄を考えるべき時です。

金正恩の求心力も急速に衰える

坂東　話は変わりますが、もしかすると北朝鮮でクーデターが起きるかも知れませんね。

金正恩の死亡説なども一時流れました。その時に、妹の金与正氏が金正恩の後継者に認定したと多くのメディアが言っていましたが、金与正が軍を抑える力を持っているかどうかは疑問です。北朝鮮は女性蔑視の国です。ただ、金正恩は粛清をしまくりました。今では政権内部や軍も含めて幹部たちは出世を嫌がっています。No.2だった崔龍海でさえ、金与正が頻繁に表に出るようになってから姿を見ませんし、動向が伝わってきません。出世しても突然、粛清される可能性がある上に、昔は金正恩から幹部に対して高級車や高級時計などが、贈られてきたのに、今はそうしたこともなくなりましたし、国際社会からの経済制裁で外貨が大幅に減ったために、そのような余裕がなくなったと聞きます。コロナの感染も国内で広がっているのは間違いありません。特に集団生活をせざるを得ない人民軍組織内での感染は報じられないけれども、感染の可能性が高いですからね。

だから、金正恩の求心力は急速に低下しているのは確かです。私は金正恩は既に死んでいるか、再起不能の脳死状態ではないかと思いますが（テレビ画像に出てくるのは影武者の可能性もあり）、どちらにせよ、今のような恐怖政治は長くは続かないと思っています。

藤井　金正恩に反抗する人は一人もいないという見方がありますが、コロナもあって、金正恩体制が弱体化してきているのは事実です。

だから、権勢を誇示するために、六月十六日に、突如、北朝鮮が、南北軍事境界線沿いの北朝鮮・開城にある南北共同連絡事務所を爆破してみせたのでしょう。あと、残念なことに、横田めぐみさんの父親、滋さんが六月五日にお亡くなりになりました（享年87）。北朝鮮への怒りが改めて沸き上がってきます。コロナなどで四苦八苦している北朝鮮は、拉致問題などでもある程度、日本に対する妥協姿勢を示すかもしれませんね。

坂東　それにプラスして中国の北部戦区、七大軍区体制時は「瀋陽軍区」といっていましたが、この軍区で不穏な動きがささやかれています。瀋陽軍区は人民解放軍の中で最新鋭の機甲化部隊を持っており最強の部隊といわれています。この北部戦区の管理職幹部は、北朝鮮の女性を奥さんにしている人が多い。兵士も朝鮮族で朝鮮語が喋れます。瀋陽軍区の兵士たちは北朝鮮人と意思疎通も出来るし、民族的に考えると、中央政府よりも現地の北朝鮮軍との関係を重視しています。

もともと人民解放軍は今の共産党体制に反発しています。中国経済が困窮し、失業者があふれているのは、現政権による失策と判断しているからです。だから、まず共産党はこの責任を取れと。責任を取ろうとしない中央政府の高飛車な指令は快く思っていないはずです。むしろ嫌気がさしています。中央政府と瀋陽軍区との確執は深く、権力闘争が日々激しさを増しています。

中央軍事委員会の副主席で、人民解放軍の実質的なトップであった徐才厚を「党の重大な規律違反」があったとして、党籍を剥奪しました。徐才厚は、瀋陽軍区トップで、もともと満洲国出身の人です。その後を継いだ中央軍事委員会副主席で瀋陽軍区司令員の郭伯雄も徐才厚と同様の罪で逮捕され追放処分となりました。

五大戦区に編成を変更してから、トップを習近平の近い人物に入れ替えていますが、瀋陽軍区が北部戦区になってての最初の司令員は山東省の出身です。その次の司令員も河南省の人といずれも地元出身者ではありません。このため、司令員とそれ以外の幹部や将兵たちとの間で意識のズレが生じています。

「上は余所者で、中央の命令をただ聞いている人たち」。一方、「下は（コロナウイルスの）感染が広まって大変な事になってしまった若い兵士たち」。この板挟みとなっている中間管理職がいるわけです。そういうことを考えると、いざ、北朝鮮軍と事を構えるようなことや、国内の暴動の鎮圧に向かうような指令があっても、それに従うか否か微妙ですね。

「中国の目に見えぬ侵略」と「闘う民主主義」が必要

藤井　このように中国も「超限戦」を展開しようにも、磐石な体制とはなっていないのですが、それでも中国は依然として覇権を狙って活動は活発です。それを象徴するようにフィリピンの電力網を中国が支配している。フィリピン政府の内部報告書は同国の電力供給網は中国の支配下にあり、遠隔操作で遮断される可能性があると指摘しています。フィリピンで全世帯の七八％にあたる電力を送電する民間送電会社NGCP（ナショナル・グリッド・コーポレーション・オブ・フィリピンズ）に対して、中国国有送電会社の国家電網公司が四〇％出資しており、中国人スタッフを派遣しています。この送電システムには中国人技術者のみがアクセスできるらしいのです。

この国家電網公司が、さらにオーストラリアのクインズランド州とニューサウスエルズ州のガスと電力の供給会社の株の六〇％も持っています。このほかオーストラリア南部の送電会社の株の四一％。オーストラリアのビクトリア州にあるエネルギー会社の二十％近い株もそれぞれ持っている。このように、オーストラリアは機関産業部門が中国企業にかなり支配されていて危ないのです。このように中国は世界各国の経済的な支配を強めています。調べていくとポルトガルの電力会社の二五％も国家電網が所有していることが分かりました。経済が弱体のポルトガルはEUにおける中国の足掛かりになってしまっている。経済が無茶苦茶弱いギリシャも中国に乗っ取られつつあります。

ともあれ、フィリピン経済に中国企業が進出しているのは、中国の南シナ海侵略と関係しています。中国からすればフィリピンの利用価値は地政学的に高いのです。だから、こういう間接的な手段で、侵略を進めているのだと思います。これも「超限戦」の一種です。

ただ、フィリピンにはアメリカ軍が使用していたクラーク基地とスービック基地がありますす。今ではほとんど機能していませんが、ここにアメリカ軍が戻って来れば南シナ海でのアメリカ海軍と空軍のプレゼンスが増してきます。そうしたら南シナ海は中国の領海にされずに済みます。

そのフィリピンですら、「武漢ウイルス」の発生と同時に、国内にいる武漢市から来た団体旅行客、四百人以上を中国に強制送還しました。中国人の入国を拒否したのです。それぐらいのことはフィリピンでもやっているので、日本がなぜ、出来なかったのか。

坂東　アメリカは通信網でファーウェイなどの中国製通信機器を排除しようとしています。フィリピンは自分たちで国を動かすのだという姿勢を見せていますし、オーストラリアも中国人スパイを次々と捕まえています。イギリスもボリス・ジョンソン首相が感染してからは完全に反中姿勢を明確にしています。日本の場合は中国が締め上げられると大量の難民が潮に乗って流れ着くというこれまた困った地理条件にあるため断固とした対策を打ち出しにくいところもあるかと思いますが、そうした難民に関しても、過去の事例から反日工作活動が容易に予測できるような難民の全てを受けいれなくてはいけないという固定概念を捨てて、国民の安全第一で直ちに対策を練り、覚悟を示す時ではないかなと思います。

藤井　断固たる姿勢を安倍首相には示してほしい。内閣支持率を回復するためにも、日本の国家安泰のためにもです。そして、「中国の目に見えぬ侵略」を明るみに出して、それと「闘う民主国家」のリーダーとして奮起していただきたい。我々はそれを強力に支持します。

第3章

ポストコロナ時代——チャイナ依存・移民国家の呪縛を解く

日本はなぜ死者が少ないのか?

藤井　第一章、第二章でいささか悲観的な将来について論じ合いましたが、少しは希望のみえることもこの章の冒頭では論じたいと思います。

まずは、我々日本人が自信を持っていいのは、日本では武漢ウイルス感染による死者数がものすごく少ないことです。現在、八月一日現在で、死者数は千人ぐらいです。日本の人口は約一億二五〇〇万人。しかし、人口が約三億人のアメリカはすでに一五万人近い死者が出ています。イタリアの人口は日本の約半分ぐらいですが、死者は三万五千人を超え、イギリスも死者は四万五千人を越えました。フランス、スペインでも三万人弱も亡くなっているわけです。

どうして日本の死者数がこんなに少ないのか。専門家が、さまざまな見解を述べています。そもそも衛生状態がよかったし、マスク着用に抵抗がない、ＢＣＧが良かったとか、日本人はキチンと手洗いとうがいもするからとか、玄関で靴を脱ぐのがいい等々、諸説出ています。

要は、結果として日本がやっていることはすべて正しいのです。警戒のためのガイドラインが当局から出ればそれを多くの国民が忠実に守る。それらの要因が重なって死者数は千人程度で収まっているのではないでしょうか。台湾は死者数は十人程度でほぼパーフェクトですけど、日本も国際的に見れば極めて頑張っています。

坂東　しかし、水を差すわけではありませんが、必ず第二波は起きます。正確に言うと、これは第二波というより季節に伴なう地方感染のタイムラグなのですが、それを覚悟しないといけない。全国で新規感染者数は激減して一旦は収束に向かいました。緊急事態も解除され、徐々に経済活動も再開されましたが、七月以降再び感染者は増えつつあります。

藤井　日本やアメリカもそうですが、地域差がありますね。アメリカでも中西部の八州はほとんど感染が出ていません。ニューヨークとは違うわけです。そういう地域は経済活動を止める必要はそもそもありません。日本だって感染者ゼロが続いている岩手県がありまず。

ただ、感染者が多く発生したニューヨーク、日本では東京都は油断したら感染が再び増加する危険性はたしかにあります。おそらく新規感染者が日本全体で一日当たり五〇人以下が長期にわたって続いたら、第二波が起きても小さい増加で済むのではないか。逆に再び一〇〇人を超えてきたら、次の対策を考えないといけないでしょう。本格的な経済活動の再開は新規感染者数が全体で一日当たり五〇人以下がひとつの日安となると思いますが、七月以降の動向を見る限り、第二波到来という感じですね。

島国で民度が高かったから死者も少なくすんだ

――日本の緊急事態宣言について海外メディアの評価は当初、厳しかったですね。フランスの一般紙「フィガロ」は「日本の緊急事態宣言は見せかけだ」と報じていました。それは、外出自粛でも強制力が伴わないためです。現に大阪などのパチンコ店は府が営業の自粛要請をしても、それを無視して営業を続けた店が数店舗あり、物議を醸したのは事実です。この点をどのようにお考えですか。

坂東 日本の国民性から考えると、私はこのやり方、宣言でよかったと思います。危ないのはパニックです。たとえば、都市が封鎖されると思うと、逃げようとします。中国の武漢市の場合は、パニックとなり五百万人が北は北京、南は広東、西は上海、東は成都まで逃げてしまいました。それが中国における感染拡大原因のひとつともなりました。

また、感染者が病院に詰めかけた結果、病院そのものが感染拠点になってしまった。武漢市はそういう事態に陥りました。日本のやり方は強制力こそありませんが、パニックを起こさず、緊急事態宣言を発令して、国民に最大限の注意を促す。そして落ち着くように、呼びかけたのは最良の政策だったと思います。

日本のやり方で死者数は現時点でも千人ちょっと程度で抑え込んでいるわけですから、

逆にこれから日本方式が世界中から注目されると思います。高い民度でウイルス感染拡大を抑えた、日本人の民度が試された感じがしますし、ここで日本人の意地を見せて、ベターな結果を出せたわけです。

実際に英ガーディアン紙は五月二二日付の記事で、安倍首相の対応より、ウイルスに立ち向かう国民の静かな決意を称賛する、と掲載していますが、ファイナンシャルタイムズは「決定的要因、または要因の組み合わせは不明」、ブルームバーグは「専門家にもわからない」、テレグラフは「明らかな理由が見つからない」と書いています。まあ麻生大臣のように相手に民度を突きつけるのもどうかと思いますが、言わなくても世界は徐々に気付いていると思いますよ。

藤井　海外メディアの評価でいくつかポイントはあります。まず日本には強制力を持たせる法的枠組みがない点です。これはハッキリいって欠陥です。これは憲法の不備から来ています。具体的にいうと現行憲法に非常事態条項がありません。

非常事態条項というのは、社会を平時と有事に分けて、有事になれば、民主国家といえども、法律を一旦は棚上げにして対処していいことになります。戒厳令も可能です。たとえば通常、平時に保障されている個人の自由、人権などを一時的にギブアップしてもらいます。これは他国の憲法にもある安全装置です。それが、日本国憲法にはありません。

たとえば大震災が起きた場合、消防車が出動しますが、道路に一般車両が塞いで通行が出来ないとき、今の法制化ではこの一般車を持ち主の許可なく排除することは不可能です。一刻も早く現場にたどり着きたい消防車は、向かうことが困難になります。非常事態条項があれば、クルマの持ち主の許可なく権利を一時、棚上げして、強制的にクルマを撤去することが可能となります。

この非常事態条項は憲法改正の重要な点です。これに反対する人たちがいますが、その条項がないのは欠陥憲法と言わざるを得ません。世界中の憲法には、この条項があります。当然のことながら憲法改正で非常事態条項が入れば、外出自粛に強制力を持たせることが可能です。

もちろん、超法規的措置もありえますが、社会秩序を保つには二つの力が必要です。ひとつは法律的な強制力、もうひとつは倫理、道徳感です。極端な話、倫理と道徳感がしっかり国民に行き渡っていれば、法律はいりません。でもそれは理想社会です。逆にいうと、倫理、道徳がまったくない社会ほど、法的な強制力で社会秩序を保とうとします。ただ、それではギスギスした社会になってしまいます。あるイギリスの歴史家が「悪い社会にはたくさんの法律がある」と説いていました。とはいえ、やはり民主国家では一定の法律による強制力が必要なのはいうまでもありません。

坂東　東日本大震災三・一一が起きた時、日本人は暴動を起こさずに、物を買うにも整然と並んで行動をしたと、外国人はみんな驚いていました。

藤井　強制力がなくても倫理、道徳感が強い国だから秩序は保てるのです。諸外国では強制力がないと必ずといっていいほど、非常時には商店や民家に押し入って略奪事件が起きます。前述したように、アメリカのミネソタ州で白人警官による黒人死亡事件で全米に抗議デモが広がり、中には商店を襲う暴動などが発生しました。ここまでくると、州兵が出てくるようになります。警察だけでは社会治安は途端に保てなくなるからです。日本ではそういうことは起きません。しかし、軍隊以下の強力な国家権力の下に、秩序が辛うじて保たれているのが外国です。

ですから、坂東さんがいったように日本では諸外国のような強制力がなくても、外出を自粛します。そして外出してもマスクを着用してウイルスを広げないようにする。それが日本人にはできるのです。そして日本は「武漢ウイルス」の拡大抑制に一旦、成功した。諸外国メディアから批判されている通り強制力がなくてPCR検査も少ないのは確かです。

しかし、それと憲法上の欠陥とは別次元の問題です。防災、防疫は国民の道徳力でまだ凌げるとしても、防衛になるとそうはいかない。迅速な自衛活動を行うためにも、さらに中国の軍事的脅威に対抗するうえでも、「超限戦」を勝ち抜くためにも今後、是正する必要があります。

「有事」と「平常時」の違い

坂東　憲法上の欠陥は、出来るだけ早く修正した方がいいですよね。
藤井　私は政治学者で危機管理も専門分野の一つです。危機管理で重要な言葉があります。それは「有事」です。有事は何かといえば、簡単にいえば「非常事」のことです。この「事」は異常な事を指します。その反対は「無事」です。「事」が無い。これは平常時です。平常時ならば、官僚機構が決められた通りに平常業務を粛々と日々こなしていけばいいわけです。これはすでに経験した現象ですから、行政の段階での処理で済みます。つまり官僚が法に基づいて行政処理をしていけば何の問題もありません。どのような行政を行えばいいのか。それは固定化された知識や、マニュアルで決まっています。
ところが、異常な事態に直面したときにどうすべきか。危機管理という言葉がありますが、これは経験したことがない、未経験の現象が起きたときの管理をどうするかです。今回は「武漢ウイルス」感染という人類がめったに経験していない事象が発生したわけです。するとここで、本領を発揮するのが政治家です。本当の政治を行うチャンスとなります。
平常時は行政機関に任せておけばいい。しかし、有事になれば、生きた知恵を発揮し前例のない決断をする、その役目を担うのが政治家です。そして、政治家には全体を俯瞰《ふかん》して国益最優先で判断することが求められます。

平常時における政治家の役目は国民の代表者として国会で法案や予算案を審議する事です。しかし、有事になれば政治家はリーダーシップを発揮して国民の生命と財産を守らなくてはいけません。権力を集中させて前例のない対策を講じる。その意味で安倍総理は今こそ、力を振るうべきです。今回の「武漢ウイルス」感染は異常事態です。まさに有事です。ですからこの対策で、初期の段階での判断などが法的根拠がなかったのはある意味やむを得ない。しかし、その時に存在しているあらゆる法規を拡大解釈してでも適用し、危機を乗り越えていくのは政治リーダーとして当然のことなのです。そして今後のことを見据えて、防疫、防災以上に重要な防衛問題の準備に取りかかるべきです。

坂東　武漢ウイルス問題にしても、未経験の事態なのですから、法律や行政の旧来の決まりごとにあまり縛りつけられる必要はなかったのです。

藤井　これまで想定していなかったような事態が起きたら、正しいと判断すれば超法規的な措置を取ってもいいのです。超法規的な措置を決定するのが、政治家です。こういう時にこそ、政治家は勇気をもって前例のない決断をしないといけない。超法規的措置が適当なものであったかどうかは、事後に国民が判断すれば良いのです。これに対して責任を取るのが政治家の使命です。

これが、非常時（有事）と平常時の違いです。ですから、法的な根拠がないから出来ないと政治家が言ったら、それは言い訳に過ぎず、責任逃れだといわざるを得ません。前例のないことをやらないのは官僚であり、にもかかわらず、それをやるのは政治家なのですから。有事の時にこそ、政治家としての責任を前面に打ち出して、リーダーシップを発揮してもらいたい。

坂東　ＷＨＯは遅ればせではあったものの、非常事態宣言を一月三〇日に出しました。この瞬間、日本を含めて、世界の人々の健康と安全が非常事態に置かれたことになります。しかし、非常事態に対応する有事即応体制は、日本では取ることは出来ません。もちろん臨機応変に対処しないといけないわけですが、日本はこの非常事態を想定した法律は制定されていないのです。しかし、非常時だからこそ、法的な根拠が明確になくても超法規的な対応で国民の命を救い安全を確保すべきです。

確かに人命がかかっている重大局面で、法的な根拠がないから対処できないとはいえません。この局面では「政治家として生きる覚悟」を示す必要があります。そもそも豪華客船ダイヤモンド・プリンセス号は、日本船籍ではないので、本来なら日本が救済する法的な根拠はなかったのです。それを法務省から指摘されていましたが、安倍総理は超法規的な決断をして救出に全力を尽くしたのです。

藤井　それでいいのですが、危機管理は根本的にいうと、憲法九条の問題です。国軍がなければ、基本的に国家の危機管理対応が出来ない。国軍の下に情報機関があって、そしていろいろな部署が危機に対処する。しかし、まず国軍が存在して危機管理が初めて機能するわけです。

リベラル派の憲法九条信奉者たちは、何を言っていたのか。危機があれば、その都度、対策を考えて講じればいいというわけです。しかし、それでは緊急事態に間に合いません。現実を甘く見ています。そこに根本的な国家体制としての欠陥が露《あらわ》になっている。

人気低落の習近平を国賓で呼んだら世界の笑い物になる

――コロナ騒動のメリットとしては、中国の習近平国家主席への信頼度が世界的に急落したことも一つとして挙げられるでしょうか。習近平の国賓の来日はまだ完全には中止になっていませんが……。

坂東　習近平としては、四月に予定通り、日本を訪問して安倍首相と握手して、武漢ウイルス収拾のイメージを拡散したいと思っていたでしょうが、さすがにその時期にはとても日本に行ける状況ではなかった。日本も受け入れられる状況ではなかった。そして、延期になったあとも、一刻も早く日本を訪問したいと考えていたでしょう。しかしこれは事実上の無期延期となりました。二次感染拡大が懸念されますし、また中国東北地方では、アフリカから発生しているサバクトビバッタとは別に、トノサマバッタが大量発生し蝗害がでている、との情報もあります。激化している党内での権力闘争を考えても、改めての来日は相当、厳しいとの判断が働くと思いますし、そもそも日本側が受け入れるべきではないと思います。

藤井　その通りですよ。だいたいね、中国における被害を見ると、再びクラスターが各地で広がり、第二次感染拡大が懸念される中、習近平は来られないのではないでしょうか。国賓を外しても、秋の訪日は不可能です。そんな事は分かっているのですが、中国はメンツがあるから、どうしても来日にこだわっているのです。しかも米中対立は、以前よりエスカレートしている。アメリカの同盟国・日本としては、習近平の国賓来日は絶対、拒絶すべきです。

とはいっても日本側の対応にも非常に問題があると思います。日本側から再び国賓としての来日を要請している模様で、これはハッキリいってけしからんと考えています。菅義偉官房長官は五月二二日の記者会見で、新型コロナウイルス感染拡大の影響で延期された習近平の国賓としての来日に「地域、国際社会が直面する課題に日中両国がともに責任を果たしていくことを内外に示す機会としていく考えに変わりはなく、関連の状況全体を見ながら日中間で意見疎通を図っていきたい」と述べました。「今秋以降を念頭に日程を調整」しているのは間違いありません。

いずれにしても、私は習近平の国賓としての来日に大反対です。

なぜ習近平の国賓としての来日に反対するのか。それはウイグル自治区で百万人（一説には二百万人、三百万人ともいわれています）を強制収容所にイスラム教徒だという理由だけで連行して収容し「思想改造」を試みたり、香港では民主化を求めている市民に弾圧を加えています。国家安全法も制定し、ますます弾圧の度合いを強めている。チベットでの長年にわたる蛮行は言うまでもない。さらには民主国家の台湾を力づくで、併合しようとしている。そのような民主と自由、人道と人権を踏みにじる中国の国家主席を、日本が熱烈歓迎するというのは、習近平による言論弾圧、人権弾圧を肯定するという誤ったメッセージを日本が全世界に発信することになるからです。

坂東　そんなことをしたら、世界中の国家の日本を見る目が変わってきますね。笑い物になる。六月七日に共同通信からは「日本、中国批判声明に参加拒否　香港安全法巡り、欧米は失望も」との記事が出ましたが、これは後に共同通信の虚報であることが確認されたどころか、日本は今年五月二十八日に秋葉剛男外務事務次官が、孔鉉佑駐日中国特命全権大使を呼び出して香港情勢への憂慮と、「一国二制度」の維持が日本の一貫した方針であることを伝えていました。これに関し共同通信は取材を尽くしたし、コメントはないとの話で締めくくろうと必死ですが、私は既にこうしたマスコミを巻き込んだ情報戦が堂々と開始されていると見ています。既に戦争は始まっていますね。

「天皇に会いたいのなら、尖閣に手を出すな」と主張せよ

藤井　そもそも、安倍首相が習近平と会談をする時に、習近平側から「日中は四つの政治文書を守らなくてはならない」という発言がいつもあります。それに同意して初めて会談が始まるのです。では、この四つの政治文書とは何か。「一九七二年の日中共同声明」「一九七八年の日中平和友好条約」などです。その中身は「一つの中国」を認めるということです。

もし、台湾が中国に侵略されたら、第一列島線は確実に中国が握ることになり、日本の尖閣諸島、さらには沖縄まで中国が握ることになるでしょう。沖縄が中国の領土になるなんて、ありえないと、多くの読者は思われるでしょうが、中国は本気で沖縄を狙っています。

その証拠に中国の公船が連日して沖縄県の尖閣諸島の領海に侵入しています。

しかも、日本の漁船が尖閣諸島の我が国の海域で中国公船に接近され、追尾されたりもしました。さすがに、日本政府は五月八日に中国政府に抗議をしましたが、その後、二日間も中国公船は日本漁船を追尾していたのです。しかも、中国外務省の趙立堅報道官は日本漁船が「中国の領海内で違法な操業をした」と主張し、「日本は釣魚島（尖閣諸島の中国側名称）の問題で新たな騒ぎを起こさないよう希望する」と言ってのけたのです。

坂東　本当に日本をバカにしています。

藤井　いうまでもなく尖閣諸島は日本固有の領土です。一八八四年に古賀辰四郎が探検隊を派遣して尖閣諸島を開拓したのがはじまりです。アホウ島の剝製《はくせい》工場、鰹節工場が建設され、村が出来ました。一八九五年一月一四日に日本の領土に編入する閣議決定がなされ、一八九六年に沖縄県八重山郡に編入されました。

そして、一九一九年中国福建省の三一人の漁民が台風で遭難し尖閣諸島に漂着したのを、島の人たちが助け、中華民国政府から尖閣諸島の人びとに感謝状が渡されました。その感謝状には「日本帝国沖縄県八重山郡尖閣列島」と明記されており、一九五三年の人民日報には「沖縄の尖閣諸島」という記事が掲載されているのです。

それが、一九七一年に中国は突如として「尖閣諸島は台湾の一部であり、よって中国の領土である」と主張し始めました。今や、尖閣諸島は中国の「核心的利益」だともいっています。その理由は尖閣諸島周辺海域に眠っている海底油田（一千億バレル、六百兆円の価値といわれている）の獲得と、漁業海域の拡大、加えて軍事的には東シナ海の制海権の獲得などです。

坂東　しかし、中国がいくら尖閣諸島の領有権を主張してもその証拠は何もないはずです。

藤井　もっとひどいのは、日本海の大和堆《やまとたい》あたりの中国漁船による不法操業です。北朝鮮の漁船も来ていますが、二〇一九年八月には中国海軍のフリゲート艦まで大和堆へ送り込んできて、日本の漁船を蹴散らし、そして中国漁船に不法操業をさせています。そういった問題がある。

だから、どうしても習近平が日本に来たいのなら、少なくとも「尖閣諸島の問題を解決し、スパイ容疑で拘束されている日本人を即刻、全員釈放してからにせよ」と主張すべきです。

中国が日本を必要としている時だからこそ、安倍首相は来日の条件を習近平に突き付けるべきなのです。困った時の神頼みとして、日本の力を利用したいと考え、日本に微笑み外交をしている今こそ、チャンスではないですか。

そもそも国賓として招聘するというのは天皇陛下までおでましになるのですから、基本的に両国の関係が良く、お互いの友好関係を深め、それを祝福するためです。日本の領海、領空を今現在も頻繁に侵犯している中国と日本の関係は良好とはいえません。さらにいえば、北海道を中心に日本国内の土地不動産を中国資本は買い占め、間接侵略をしています。それから中国人の違法滞在者等々の問題があります。チャイナは日本にとって最大のトラブルメーカーです。その中国は、いくら日本が抗議をしても、全然、態度を改めようとしません。

しかもですよ、習近平政権になってから三つの反日国家記念日を制定しました。この記念日はいずれも日中戦争にまつわるものです。一つ目が中国で「盧溝橋《ろこうきょう》事件」が勃発した七月七日です。日本軍と中国国民革命軍が衝突を起こし、日中戦争に突入した日を「盧溝橋事件記念日」としたのです。

また、日本軍が中華民国（一九四九年以降は台湾政府）の降伏文書に署名した日（九月二日）の翌日の三日に中華民国の国民党政権（蔣介石総統）が各地で祝賀行事を挙行しました。その日を「抗日戦争勝利記念日」に制定しました。

そして一九三七年一二月一三日に日本軍が南京を陥落させ南京入城を果たした、その日を「南京大虐殺犠牲者を追悼する日」として国家的追悼日に制定したのです。ここでは詳しく申し上げませんが、中国が主張している「日本軍が南京市民を三〇万人殺した」というのは、まったくの捏造です。デッチ上げです。いずれにしても、この国家の制定日になると中国では反日一色になります。日本人兵士が中国人を虐殺し、強姦して、食料品や金品を強奪して、いかに悪事を働いたか、テレビなどで連日、訴え続けるのです。それを観た中国人はいやが上にも、日本人に対して憎しみを燃やすわけです。習近平政権は明らかに「日本憎し」の対日ヘイト精神を中国国民に根付かせようとしています。江沢民元国家主席も「反日教育」に力を注いできましたが、習近平の反日姿勢はそれ以上です。

毛沢東は対日戦勝記念日を一度も祝ったことがない

坂東　しかし、抗日抗日といっても、中国共産党の八路軍と日本軍はほとんど闘ったことがありませんね。戦争をしたのは蔣介石の国民党軍と日本軍です。

藤井　毛沢東は独裁者で悪い奴ですが、面白いところもあって、どこかで、日本を尊敬し、畏敬の念を抱いているようなところがありました。たとえば、彼は生きている間に南京大虐殺について日本を非難したことは一回もありません。毛沢東の生涯を記録した『毛沢東年譜』がありますが、そこにも「南京」については「南京陥落」という四つの文字があるだけで、死ぬまで一度も、この事件に関して提起、発言したことはありません。その理由は、これが知られると共産党軍がいかに、日本軍と戦ってこなかったかがバレてしまうからです。これを恐れたのです。

それから対日戦勝記念日も祝ったことは一度もありませんでした。というのも、内戦中、日本に国民党軍の情報を流し、毛沢東は日本からカネを貰っていたという事実があったからです。実は裏で日本軍と、毛沢東の八路軍とはつながっていた。表面的には、国民党軍と八路軍は協力して日本軍と戦うはずだったのが、共産党は日本軍と国民党軍と戦わせたのです。そういった裏切りをバラされたら、困るので日本に気を使っているところもあったと推察されます。

それもかなぐり捨てて習近平は歴代の中でも最も強烈な反日政策をとっているわけです。その人を日本に国賓として呼ぶことには大反対です。いずれにしても、天皇陛下に絶対に会わせたくないですね。

坂東　自民党では何か二階幹事長がくやしそうにぐちぐち言っているようですが（笑）。天皇陛下に謁見となれば、習近平と握手することになりますよね。今でも少数民族を弾圧している国家主席の手を親しげに握るような状況を政治が作るべきではありません。天皇陛下と習近平が握手をすると、その映像がずっと残ります。後世、中国はこんなにひどい国家だったことがバレた時、その国家主席と日本の天皇陛下とが握手をしているなんてことになると、日本と中国は、そういう関係だったのかと疑いの目で見られてしまう。昭和天皇がスターリンやヒトラーと握手するようなものですよ。

藤井　日本は戦後、何回もチャイナを救ってきました。代表的な事例は天安門事件（一九八九年六月）です。民主化を求めた中国の知識人や学生を武力で抑え込んだわけですが、それに抗議をした世界各国はチャイナに経済制裁を実行しました。

本当に困窮したチャイナに最初に救いの手を差し伸べたのは日本です。当時の宇野首相が経済界の要望に推されて「中国を孤立させてはいけない」と主張して、その後の海部首相が円借款を一九九一年に再開したのです。そして、一九九二年一〇月に天皇陛下が訪中します。それをキッカケに西側諸国は対中経済制裁を一斉に解除してチャイナへの投資を再スタートさせたのです。このおかげで、中国経済は急成長を遂げていくわけです。チャイナにとって日本は大恩人なわけです。しかし、当時から、そして今のチャイナも前述したように、これまで以上に反日運動を展開しています。

でも、最近になってチャイナは手のひらを返したように日本に接近してきました。それは、アメリカからの経済制裁が厳しくなったと同時に「武漢ウイルス」で経済が二進も三進もいかなくなって、日本に救いを求めようとしているからです。だが、過去の事例からわかるように、チャイナに手を差し伸べても、立ち直った瞬間から再び、反日姿勢を強めてくるのは火を見るより明らかです。

坂東　依然として中国公船による尖閣諸島侵入、空軍の領空侵犯は頻繁です。その現実を日本人は厳しく受け止めないといけないと思います。

習近平国賓来日を忖度した愚

藤井　また何回も触れますが、アメリカが中国の入国禁止をしたのは二〇二〇年一月三〇日です。日本もその時点で、中国人の全面、入国禁止をしておくべきだったと思います。ところが、これが出来なかったのは、安倍首相らが習近平の来日を忖度してしまったからです。あの時点で日本が入国禁止をしたら、習近平の国賓としての来日はないと宣言したに等しいものになります。それで中国全土からの入国を禁止できなかった。ハッキリいえば、日本国民の健康よりも、独裁国家の独裁者のメンツを重んじたということです。

日本でも習近平の訪日中止が正式に決定されたのちの三月九日から中国人の入国は厳しく制限されることになりましたが、アメリカより五週間も遅れたわけです。これは、日本にとってマイナスの五週間でした。このマイナスがなければ、日本に「武漢ウイルス」がこんなに広がることはなかった。一番の巨悪は自民党一番の親中派議員である二階俊博幹事長ですよ。この二階幹事長が最近、何と言ったか。このウイルス騒ぎが収まったら、「中国に御礼を言いに行きたい」と言ったのです。何のお礼に行くのか？「武漢ウイルス」という病気を日本にうつしてくれてありがとう、とでも言いに行くのですか。気は確かかと言いたくなります。

坂東　「御礼参りに行く」という感じがしますね。ただ今回の件で実質的に習近平の訪日が無期延期となりましたので、ホッとしています。でももし世界的感染拡大にならなければ、やはり来日していたはずですし、安倍総理にどの様な心づもりがあったのかはわかりませんが、国家として不名誉な結果になったと思います。

藤井　「ヤクザの御礼参り」としてならまだいいけど、二階さんのように、心からのお礼に行きたいのなら、中国に出かけてそのまま帰ってこなければいい（苦笑）。帰ってきてほしくないですね。それぐらい、自民党は堕落してしまった。安倍さんは二階さんに辞めろといえない。というのは、自民党は親中派議員で支配されているからです。

現時点で、ポスト安倍の総理総裁候補といわれている人たちは、安倍さんよりみんな親中派じゃないですか。石破茂さんは典型的な例ですよね。ですから、安倍さんはここでもう一度、内閣を引き締めてほしいと思います。私は二階さんの首を斬らなかったら、安倍内閣の支持率はますます急落していくと見ています。すでにその兆候はあります。

坂東　私が本当に残念だなと思うのは、自民党は日本共産党とは一切、歩調を合わせないのはいいとして、もっとひどい中国共産党と歩調を合わせていることですよ。どうしてないのか、よく分かりません。昔の田中派、それを引き継いだ竹下派になって、今は細田派や麻生派などがありますが、親中的な議員が党内に多く結構、影響力があるからなのか、中国に忖度して物がハッキリいえないようなことがあるような気がします。安倍首相の靖國神社への参拝も途絶えて久しい。

安倍内閣は長期政権なのに、このままだと安保法制を成立させたりはしたものの、それ以外には何の業績も残さずに、自分が折角やったアベノミクスによる景気回復は二度の消費増税で潰してしまい、「武漢ウイルス」でさらに不景気になってしまったことで終わりかねない。来年夏開催の東京オリンピックも危ぶまれています。そうしたらダブルショックです。

日本経済は大幅に落ち込む

藤井　日本の今年第1四半期GDPは前期比〇・九％減、年率換算で三・四％減と2四半期連続のマイナス成長でした。が、もっと厳しくなるのは第2四半期以降です。上場企業の純利益が前年同期比七〇％の大幅な減益になり、中小企業の経営も深刻です。このためGDPはマイナス二〇％ぐらいになるのでしょう。安倍総理は五月二五日の閣議で二〇二〇年度第二次補正予算を決定しました。事業規模は第一次補正と合わせて二〇〇兆円となります。しかし、景気浮揚効果のある、いわゆる「真水《まみず》」つまり財政支出は四八兆円で、この程度の景気対策では全然、ダメです。日本経済は深刻な状態にあります。ここは取りあえず消費税を○%にすべし、と言いたい。

坂東　消費を活性化させるなら、足かせとなる消費税は暫定的に免除すべきですよ。

藤井　アメリカは金融緩和をいち早く実施しドルが潤沢に市場へ供給されています。これ以上の、緩和はいかがなものかという話はありますが、アメリカの金融政策を見倣うべきです。金融緩和をしないと円高になってしまい、日本にとって最悪の株安、円高のパターンに入ってきてしまいます。

坂東　自民党の有志が、消費税○パーセントにすべきだといっていますね。

藤井　そうです。究極的には数年間は○パーセントにすべきです。

坂東　またアメリカは、台湾を重視している半面、韓国から軍を撤退させるような話があります。

藤井　もちろんです。

坂東　私が心配しているのは、「自国第一主義（アメリカファースト）」でやっているトランプ大統領は、日本を防波堤扱いにする可能性があるという点です。つまり、在韓米軍が撤退して、三八度線が対馬海峡まで南下し、日本が中共・共産側陣営と自由世界陣営の最前線となるわけです。するとアメリカは日本に対して韓国でやって来たようなことをやりかねない。

藤井　もっと在日米軍の駐留経費（「思いやり予算」）の日本側負担を増やせと言ってきています。だからといって、アメリカは絶対に日本を見放したりはしません。具体的にいうと、台湾を中国から守るためには、地政学的にも日本の協力が是非とも必要となります。自衛隊の協力がないと、中国との闘いにアメリカと台湾は勝てません。

だけど、日本も根本的に考えないといけないのは、どうしてアメリカは韓国を見捨てようとしているのかです。それは、あまりにも韓国は安全保障面でアメリカに「おんぶにだっこ」だったからです。そして今、文政権は恩を仇で返すように、反米・親北路線を取っている。アメリカの支援を日本も受けたいのなら、日本は国防におカネをもっと出す必要があります。防衛予算は現在、ＧＤＰの一％以下ですが、これをＧＤＰの二％とＮＡＴＯ並みに出すべきです。それで防衛上、足らないところはアメリカに補ってもらう。そういう姿勢を示さないと、アメリカは何で日本を守っているのか、ということになりかねない。

坂東　アメリカから見れば、そう思うのは当たり前でしょう。そこは日本がおんぶにだっこではいけない。自分の国は自分で守るという姿勢を見せない国を、自国の兵士の命をかけて守ってやろうなんて国はありません。

藤井　日本は発想を根本的に変えないと、アメリカから痛い目にあいます。

坂東　同盟国として日本がやるべきことは何か、国民がそれを考えないといけないし、自分の国は自分で守るという気構えが不可欠で大前提です。それがないと日本は単なるアメリカの防波堤になってしまう。

日本が自立をめざすには

藤井　韓国に対してトランプ政権が主張しているのは、あなた（韓国）はアメリカの同盟国である、しかし、我々は韓国の進むべき道に対しては責任を持てないよということです。韓国は韓国人のものでしょう。ただ、それにしては、最近の文在寅大統領はあまりにも親北的で、金正恩に媚びを売っているよね、とそういう韓国に疑問を呈しているのです。こうした点も勘案して日本も根本的に安全保障体制を変えないとダメです。

坂東　政治家も神ではないので、出来ることと出来ないことがあるわけですが、私達国民はつい多くを期待してしまい、その裏返しで何かあると政治のせいにしてしまいがちです。例えば日本国民の意識改革は政治家だけでは出来ないので、文句を言うだけでなく国民の一人ひとりが気を付けないといけないと思います。

藤井　根本的な問題ですが、左翼や野党の人たちがアメリカからの自立が大事だというじゃないですか。日本国の自立を目指しているのなら、どうして憲法第九条を変えようとしないのか。不思議でならない。国軍を持たないで、どうやって日本の安全保障は維持できるのですか。よく日米地位協定が日本をアメリカの植民地にしているという。

　それはその通りで、日米安保条約があるから地位協定があるわけです。日米安保とは何か、憲法第九条があるから双務的ではない日米安保があるわけです。日本がサンフランシスコ講和条約にサインをした瞬間、日本が自分で守れないような仕組み、体制になってしまった。だから、日米安保でアメリカが日本を守ることになった（日本はアメリカ本土を守る義務はない）。ということは、憲法第九条の改定なくして地位協定はなくならないということですよ。憲法九条と安保条約と地位協定は一体です。憲法九条があるから、日米安保があり、日米安保があるから、日米地位協定があるのです。地位協定だけ大幅に変更するのは不可能です。憲法第九条とセットで、まとめて変えないといけない。根本的な対策を考えないと日本の安全保障は瓦解することになります。

　地位協定だけを取り上げてアメリカ軍基地反対といっても何の意味もありません。日本のアメリカ軍基地は本来なら、ない方がいい。私もそう思う。だけど、そのためには憲法第九条を改正して、日本に「交戦権」を取り戻して国軍を創設する。日本は日本人が守る体制をつくる。そして日本とアメリカの日米安保条約を結び直す。日本国内の米軍基地は大幅縮小し、地位協定も見直す。日本を守るためには、日本人の決定に従って動く軍隊の存在が不可欠です。アメリカ軍の命令で動く自衛隊ではないのだ、ということをハッキリさせないと対米自立など出来るわけないじゃないですか。

日本企業を乗っ取る中国

坂東　その自衛隊ですが、以前からファーウェイ機器を警戒していました。すでに自衛隊ではファーウェイ機器は使用していません。これは随分前から徹底して行っています。同じレベルで日本の政府機関がもっと早い段階でファーウェイ機器採用禁止を呼びかけると思ったら、アメリカの方が先に呼びかけている状態です。

それからもう一つの懸念は企業買収です。シャープが、台湾企業の鴻海（ホンハイ）精密工業に買収されて、同社の傘下に入りましたが、鴻海は大陸側と非常に太いつながりがあります。シャープの持っている最先端の技術が中国に漏れるのではないかと気にしています。

これからのM&Aは注意深く監視していかないとダメでしょう。どの会社が、日本の安全保障上、重要な技術や特許を持っているのか。また中国がその技術奪取を狙ってM&Aを仕掛けるような動きを見せていないか。それをキチンと把握していないといけないと思います。表面的な株価の話ばかりに関心を奪われていたら、知らないうちに日本は首を絞められている状態になりかねない。その点を注意していただきたいと思います。

藤井　今、チャイナはおカネがなく困っていますが、それでも中国企業は日本企業の買収に来ています。財閥系の企業が、中国企業に買われてしまいそうな雰囲気です。表向きは国際資本による買収になっていますが、実態は中国資本です。こういう買収は絶対に阻止しないといけない。

ただチャイナ企業が、明らかに軍事転用可能な重要な技術を持った日本企業を買収しようとしたら、株の届け出制というのがありますね。発行済み株式数の一〇％以上、保有する場合が対象になるといわれていましたが、これからは一％以上でも事前届けをすることになりました。ただ届け出制という意味があいまいです。この買収はダメと判断した場合、政府が買収にストップがかけられるのかどうかは、明確ではありません。

坂東　少なくても届け出がないと把握できないですよね。

藤井　把握できない。それはいいのですが、届けた後、審査して止めるところまで、しっかり出来なければ意味がありません。

坂東　そもそも外国人投資家が日本の安全保障に関わる事業を手掛けている国内の上場企業や非上場企業の株式を取得する場合、事前の届け出を義務付け審査することになっています。対象業種は武器、航空機、電機・ガス、通信、それに最近では半導体メモリーなど新たにIT関連二〇業種も対象に加えました。これを藤井さんがご指摘されたように事前届け出の対象を発行済み株式数の一〇％以上から一％以上に強化したわけです。具体的には外為法を改正したわけで、この改正案は二〇一九年一一月二二日に成立し二〇二〇年五月八日に施行されました。そして、藤井先生のお尋ねの件ですが、主要な株主が外国人の買い占めに合意をしていたとしても、政府が安全保障上に問題があると判断すれば、止められます。

藤井　事前に届けても自動承認されるのでは、国益は守れません。

坂東　届け出と許可は違いますからね。

藤井　違います。

坂東　それと、大事なのは日本版NSC（国家安全保障会議）の創立は無論のこと特定秘密保護法（国家の安全保障に関して秘匿する必要のある情報の漏洩を防止するために出来た法律。二〇一四年一二月施行）が出来たことです。この法律では特定秘密にあたる技術を指定して、その技術に関わる人や組織を定め、指定された者がこれを漏らした場合の罰則を定めているわけです。が、日本政府は最先端技術に関してどれぐらい把握して指定出来るのか、それがポイントになります。

日本の安全保障に関わるような企業秘密が中国などに流出したとすれば問題で、その場合は不正にこれをもらした関係者を処分します。スパイ防止法はありませんが、この特定秘密保護法や先述した「不正競争防止法」があるだけでも一歩前進ではありました。

ただしこれは指定された者が不正に情報を流出させた場合に処罰の対象となるものであって、スパイそのものを処罰することは出来ないので、やはりスパイは野放し状態なのです。

藤井　5Gでイギリスの中国通信機器大手ファーウェイ採用に、アメリカは危機感を抱いていましたが、英ジョンソン政権は、従来の方針を転換し、ファーウェイの排除を決めました。しかし、この問題で見逃してならないのは、複雑怪奇な米英関係が背景に横たわっている点です。

つまり我々が通常、思っているようなアングロサクソンどうしの友好国家という位置付けが米英関係にはもはやないという事実です。結論をいえば、米英はまったく、一体化していません。そもそもアメリカはイギリスの植民地政策に反旗を翻して独立した国です。南北戦争はアメリカ最大の内戦で、国内で六十万人も戦死したといわれていますが、その時に南部を応援して、建国してから百年にも満たないアメリカ合衆国を、分断させようと画策したのがイギリスでした。そのイギリスでアメリカを恨むという流れは現在もあるのです。イギリスは第二次大戦後、落ちぶれてしまい、逆にアメリカが世界の覇権国家になりました。イギリスは今でも何かとアメリカの足を引っ張って、米中対立で漁夫の利を得ようとしているわけです。その辺の事情を熟知して日本は外交を展開していくことが肝要だと思います。

中国に技術者を戻すのは「ブラック企業」のやること

坂東　中国の深刻な事態を鑑みると、日本のビジネスマンたちは今さら中国に戻るなといいたい。中国で「武漢ウイルス」は長期間沈静化しないでしょう。しかも中国経済はこれから上り調子に復帰することはまずありません。日本企業の中国撤退を私は何年も前から提言してきました。確かに日本企業の中には中国に進出して利潤を得た企業は数多くありました。しかし、中国の一四億人巨大市場はもはや幻想です。中国の時代は終焉したのです。しかし驚いたことに春節が終わって、再び日本の技術関係者などを中国に送り出している日本企業があるのです。

藤井　酷いですね。

坂東　これこそ「ブラック企業」だと思います。

藤井　中国では再び感染が広がり、命の危険さえある状況なのに、工場を再開するから戻ってきてほしいと言われて、ホイホイと出かけていく。

坂東　ある大企業の社員から相談を受けました。「私は会社から中国に行くように命じられました」というのです。どうするの？　と聞いたら「マスクは十分に用意しているから大丈夫だ」と会社にいわれたそうです。

藤井　そういう人は仮病でも何でも言訳にして、中国に行かない方がいいと思う。そもそも、そんな会社に勤めている理由はない。

坂東　日本の会社に「徴兵制」はありません。この場を借りてお答えしますが、藤井さんと同様に私も、この段階で社員に中国派遣を命じるような会社は辞めた方がいいと思います。会社の「社畜」となって死の淵に立つか、それとも新たな道を自ら切り開くか、どちらかです。選択の岐路に立たされているのは確かです。命じられた人たちは勇気を奮って覚悟を決めてほしいと思います。

「アビガン」は外交上の武器

藤井　話は変わりますが、日本には「アビガン」というコロナに有効な治療薬があります。この製造承認がなぜか遅れています。厚生労働省の下部組織がサボタージュしているというウワサがあります。しかし、このクスリは日本が手にしている数少ない外交局面で使える「武器」です。世界に貢献して、チャイナから広まったこの流行病をストップする決め手になるかも知れません。
一刻も早く、承認しなければダメです。諸外国から「アビガン」がほしいという要望が来ています。たとえばベトナムのような国は防護服やマスクが大量に生産できますから、それとバーターで日本のアビガンを供給する。そのようなギブアンドテイクで援助外交を展開するのもいい。日本にとって国益を伸長させる大きなチャンスです。
「アビガン」は富士フイルムが特許を持っていますが、上海の企業に製造権を与えています。その企業が製造し、効果があったと聞いています。ところが、その後薬効成分の異なるニセのアビガンを製造してしまい、すでにチャイナ製のアビガンは効果がないといわれています。
坂東 そんなことをされると、日本製アビガンの信用性も下がってしまいます。中国は意図的に混乱させようとしているのではありませんか。
藤井 そう思います。そもそも、武漢でウイルスが蔓延したとき、中国共産党はあえて国内にこの病気を封じ込めず、日本や欧米各国にパンデミック化させようとしたわけですから。さらに、この感染症危機を通じて、チャイナは自分たちの権限や権力を強化しようと躍起です。中国共産党が考えそうなことではありませんか。
坂東 世界が中国を頼るように仕向けている。その意図が見え見えだし、恐ろしい。

藤井　「一帯一路」も復活させようとしています。「健康シルクロード」と称して「一帯一路」プロジェクトに協力する国にはマスクや人工呼吸器を優先して贈るというのです。病気を広めた張本人が、今度はニセ医者になろうとしている。

坂東　そうやって国際社会の信用を回復させようとする意図もあるので、中国は本当に厄介です。

小池都知事再選を許した自民党の責任は大きい

坂東　私は、都民ではないので都知事選（七月五日）では投票できませんでした。「危機管理」というより「危機演出」と謎の外来語に巧みだった小池さんの再選となりましたが、自民党も二階幹事長のごり押しもあってか、また立憲民主党も公認候補を出すこともできなかった。二階幹事長が都知事選では小池百合子知事の再選を早々と支援する姿勢を打ち出したこともあって、自民党都連も手のうちようがなかったのでは？　コロナがなければまた違った様相となったかもしれませんが……。

藤井　確かに自民党は小池さんに煮え湯を飲まされていますからね。

坂東　そうです。ちょっと古い話で恐縮ですが、石原慎太郎都知事は、トランプ大統領みたいに物言いがいささか乱暴なところがありましたが、やるべきことはキチンとしていたと評価しています。石原都知事時代に私は現場の警察官でした。その時に歌舞伎町などの東京浄化作戦を実施し、交番の無人化を防ぐためにOBを有効活用したりして都内の治安は本当によくなりました。

それと石原都知事の意向で、警視庁と検察、入管の三つの組織が話し合って連携することになったのです。それまで外国人の不法滞在者は逮捕すると、基本的に二〇日間留め置きして、その間、通訳を交えて少なくとも三回取り調べて調書をまとめました。それで初めて強制送還できたのです。しかし、入管法六五条を根拠にこの手続を簡略化し、余罪がない不法滞在外国人を捕まえたら、警察署で二枚か三枚程度の調書を書いて、入管へすぐに送ることができるようになったのです。それで不法滞在外国人が効率よく検挙できて、その結果、不法「残留」人口だけでなく、密航者を含む不法「在留」人口がすごく減りました。というのも、中国人などが警戒して、密航が激減したからです。

翻って今の小池都知事にはどんな功績があるのか。コロナウイルス対策で、テレビでマスク姿の顔をよく見るようになりましたが、目立った業績は何もないように思います。二階幹事長に要請されて、備蓄していたマスクを数万枚、防護服十万着を中国に送ったりしたようでしたが。私は未だに都庁やレインボーブリッジを赤くライトアップするような「東京アラート」が都知事案件でやるべき話だったのかどうかよくわからないのです。それと外国語を外来語化して指示したり広報したりしてますが、受け手の部下や都民はそれをすぐに理解できません。もう少し、言葉のニュアンスだけでなく国際化のための海外状況を把握し、公正かつ世界標準的な判断と、その実施が可能な都知事でないといけないと思います。学歴スキャンダルなどを問い質すような批判本（石井妙子氏『女帝小池百合子』文藝春秋）も選挙前に出ましたが、それも問題ではありますがもっと大きな、都知事として着手すべきなのに、やっていない問題があると思いますよ。

藤井　小池都知事は、コロナ以前は、豊洲問題で突出し、現場をただ混乱させただけです。豊洲問題にしても、移転するしかないと分かっているのに、安全・安心できないからと、下手に日程を延ばして、無駄な費用を使って余計な検査をしました。さらに東京オリンピックは地方でも開催できるなどと主張して迷走しました。結果的には「武漢ウイルス」の影響でオリンピックは来年に延期されましたが、ハッキリいって都知事として統治能力はありません。

　石原慎太郎氏は政治家として毀誉褒貶が激しい方ですが、都知事としては二重丸でしたね。ご指摘のように新宿歌舞伎町の浄化作戦もビシッとやってくれて、安全な東京都を作るという目標で行動されていた。公害問題も、ディーゼル車の排気ガス規制を実施して、環境整備にも努めました。尖閣でも果敢な問題提起をやってのけて中国相手に奮闘しました。それに比べたら小池都知事は全然、ダメです。自民党には対抗馬を出せるだけの人材がいなかったのでしょうか。

坂東　国際化といっておきながら、まったくそれに相応しい対策を実行していない。国際化は、いい面と悪い面があります。東京都を国際化すれば本場のラーメンとか、インドカレーが食べられる話ではなく、それに付いてくる負の面での対策が必要になります。しかし、この面での動きがまったくありません。国際化に伴い外国人犯罪がどうしても増加しますが、その対策が見えてこないのです。

豊洲移転騒動が落ち着いたら小池都知事人気は急速に下火になりました。これが一般的な都民感覚だと思います。小池知事がコロナで頑張っていた事はわかりますが、その改善は麻生大臣の言う通り民度によるところが大きく、その他の都知事としての功績がよくわからないままであることは全く残念でした。

残留中国人と韓国人の定着をどう考えるのか

坂東　コロナに感染した中国観光客を早期にシャットダウンしなかったばかりに、日本は苦しめられることになったのですが、同じことは今後の「移民の受入れ」にもいえます。具体的にいうと日本は、中国人と韓国人の日本定着について今後を真剣に考えないといけないと思います。どうしてかというと、コロナでも一時的に見られましたが、有事になった場合、国際空港は封鎖され、外国人は日本から出ていけなくなってしまいます。本国に帰ることが不可能になる外国人が必ず発生します。この人たちを「帰国難民」と呼んでいます。

普通、難民というと、かつてのベトナムのボートピープルや北朝鮮から漂着した外国人というイメージですが、正確にはこれらはまだ「避難民」であって、難民申請して、その滞在許可が下りた外国人を「難民」といいます。

行き先がなくなってしまった難民は、そのまま日本に定着するのではないか。具体的にどの国の人たちなのか、その理由などについて話をしたいと思います。難民動向を予測するためにも、それを知っておく必要があります。また、どういうメリット、デメリットがあるのかをハッキリさせたいと考えています（なおこの件に関しては、拙著『寄生難民』青林堂も参照していただければ幸いです）。

そこで、手始めに表面上、気づかない在留中国人・韓国人の「帰国難民」化についてですが、その問題点は五つあります。

①すでに存在しているため帰国難民化してもその深刻さが見えない。

②多くはすでに働き日本を拠点に生活している。
③容貌からして見た目に目立たない。
④中国は漢字圏。韓国人は日本語を習得しやすい。
⑤どちらの国も政府が反日姿勢を示している。

①について説明します。「帰国難民」というのは予め、平時の段階でも日本にかなりの数の外国人がいて、昨年末段階で、短期滞在者を除く在留外国人の数は二九三万三一三七人いました。この他に短期滞在者がいるわけですが、これは住民登録していませんので詳細な数が出てきません。この多くが今、帰国難民になっているわけですが、在留外国人中、中国人が八一万三六七五人（全体の二十七％）、韓国人が四四万六三六四人（全体の十五％）ですが、これには戦後日本に住み着いている特別永住者が多くを占めています。さらにその他の国もあるわけですが、この多くが帰国できなくなっています。

彼らは海をこっそりと渡ってくるなどセンセーショナルな登場の仕方ではありません。こうした外国人が今、普通に日本の商店街を歩いているわけです。自分の国に帰れなくなった、あるいは帰れなくなりつつあるという外国人は数多く、すでに存在しているのです。更に帰りたくなかったところに、帰れない状況ができて渡りに船となっている場合もあり

在留外国人の構成比（国籍・地域別）（令和元年末）

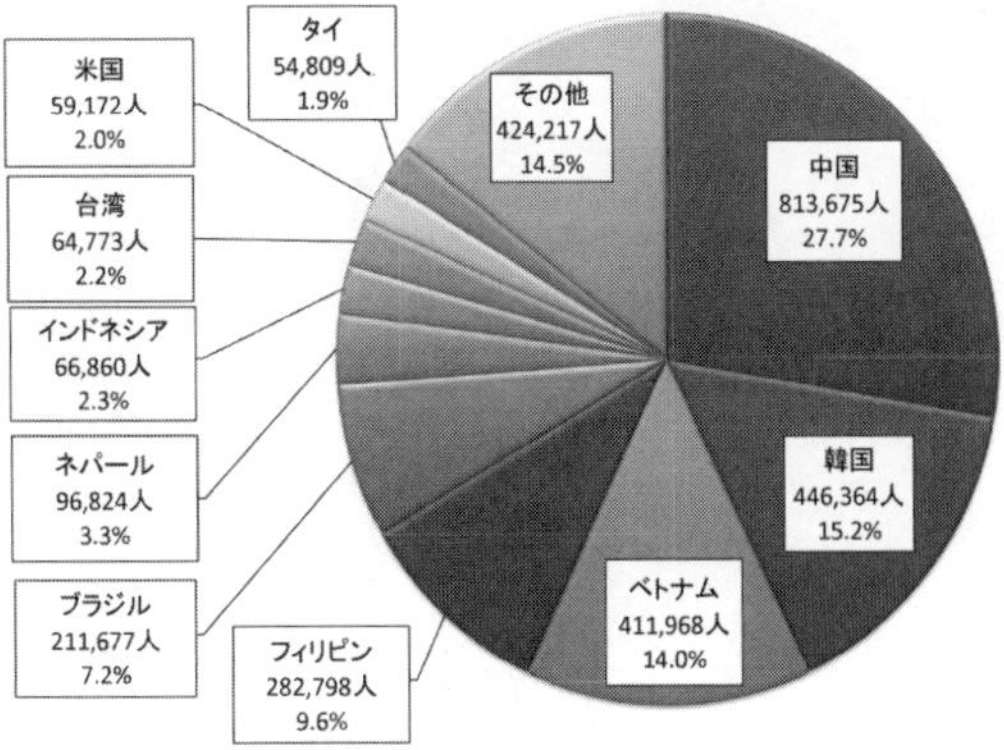

出入国在留管理庁「令和元年末現在における在留外国人数について」より

ます。そこを日本人はしっかり認識してもらいたいと思います。

誤解して欲しくないのは、日本から出国してはいけないという話ではない、ということです。日本では、原則としてすべての人の出国の自由が認められています。ただ、帰国先の本国で十四日の留め置き措置をしていたりする場合、帰国できないわけではないのに、現在日本での滞在延長が認められているのです。

ただ、日本への入国に関しては今回の新型コロナウイルスの対策として日本に来ても、特段の理由がない限り入国は許可されませんし、その上で許可されても二週間留め置きの措置が取られていて、入国しづらい状況になってはいます。その一方で、日本は「武漢ウイルス」の抑え込みに成功しても、世界中で感染が進めば、帰国したい外国人たちの母国が受け入れを拒否する場合があります。そうすると、「帰国難民」になってしまう。

そして、既に働いていて日本を拠点に生活している②の外国人がいますが、滞在許可に期間があります。この感染騒ぎの後も米中関係やアメリカで無法エリアが出現する騒ぎにまで発展しているＢＬＭ（Black Lives Matter＝黒人の命は大切）運動から、国内規模での内乱のような様相が出てきた場合など、帰国の見込みがない状況や帰れない事情があれば、正式に難民認定せざるを得なくなる可能性があります。

あと③です。短期滞在者ではなくて、一年以上いる在留外国人の場合、基本的にこの人たちが、国連人口部が定義する「移民」になります。日本では「移民」という言葉を正式には使いませんし、滞在年数ではなく滞在資格で分類していますので「移民」としての正確なカウントが不可能なのですが、これに近いのが先にお伝えした「在留外国人」です。このうち中国、韓国、台湾人が全体の約半分を占めています。この人たちは、日本人と見た目は変わらないわけです。

藤井　隣に韓国人や中国人がいても、しゃべらないと気が付きませんね。

坂東　この外国人は、本国に帰れない状況が発生した場合、日本国内に住み慣れてしまったこともあって、出国の自由は確保されているとしても大半は無理に本国へは帰りません。

中国の残留者八一万人ですが、日本にいる中国人はそれにプラスして三〇万人が加わります。この三〇万人は何かというと、日本に来た短期滞在者の概算です。今年の春節で七〇万人が日本に来るだろうと予想されていました。途中で「武漢ウィルス」の感染拡大で、団体観光客の入国が禁止され、最終的に三五万人にとどまったと推測されています。この中ですでに中国へ帰国した人もいますので、約三〇万人前後が日本に残っていると思われます。当然、これから中国への帰国者もあるでしょうが、日本に住む日本人配偶者がいるなどの理由で中国から来日する者もいますので合計して百万人近くの中国人が日本にいることになる勘定になります。

これは日本の総人口（二〇一八年一〇月一日現在、一億二六四四万人）のわずか〇・七九％で、一見するとたいしたことはありません。しかし、日本の政令指定都市の人口規定が五〇万人以上であることを考えると、百万人といえばこの二倍です。福岡県北九州市の九四万人、千葉県千葉市の九八万人、宮城県仙台市の百九万人に匹敵する規模です。

また④についてですが、中国は漢字圏なので日本において生活をするうえにおいて、英語圏の人たちに比べると、馴染みやすい。韓国語は文法が日本語と非常に似ているので、韓国人は日本語を習得しやすいのです。単語をそのまま変換していくと、日本の文章になります。

荒川区の国民健康保険における滞納状況

	日本人	**外国人**	全体
加入者数	43,941	**10,171**	54,112
滞納者	8,069	**6,453**	14,522
滞納人数割合	18.36%	**63.45%**	平成２９年度

★滞在資格３ケ月超で外国人も国保に加入できる制度に改悪された結果です。外国人は制度を支える意思は極めて薄く、滞納者が63.45%！国保は日本人のみの制度とし、外国人は、民間の保険への加入義務化か、別建ての保険組を設立し、彼らの自治で独立制で運営すべき。

出典　荒川区議会議員小坂英二氏より拝借

藤井　そういう観点から見ると、日本は定着しやすいのでしょうね。

坂東　はい、そしてこれら中国・韓国がまさに⑤の反日国家であり、今滞在しているこれらの国の中長期滞在者のほとんどが、子供時代には反日教育で洗脳されているわけで、その影響は今後じわじわと反社会的運動に反映されてくると思います。

外国人が国民健康保険に加入するのはおかしい

坂東　これらが進行すると、問題点がいくつか出てきます。

まず「国民健康保険」です。日本国民ではない外国人が普通に国民健康保険に入っています。どうして加入できるのか。在留外国人が住民登録するようになり、日本人の加入条件と同じになったからです。

本来なら「外国人健康保険」として別に制度化すべきだと思います。その方が正しい。

荒川区会議員の小坂英二先生（日本創新党）との情報交換で、荒川区の国民健康保険の保

一類感染症患者発生に関する公表基準　参考

当該感染症の基本的情報 （基本方針2（1））	病原体： 潜伏期間： 致死率：	他者への感染経路： 主な感染源： 他者に感染させ得る時期：

	（公表する情報）	（公表しない情報）	
感染者情報 （基本方針1）	・居住国　・年代　・性別 ・居住している都道府県 ・発症日時	・氏名　・国籍 ・基礎疾患　・職業 ・居住している市区町村	個人が特定されないように配慮する。 ・居住国：国籍では一時的な旅行者か居住者かわからないため。 基礎疾患：基礎疾患との関係性が判明していないため ・職業：感染源との接触機会が多い等の場合（例：医療従事者）には、公表を検討する。 ・居住している市区町村：市区町村が公表する場合は国も併せて公表する可能性がある。
感染源との接触歴等 （基本方針2（2））	・感染推定地域：国、都市名 ・滞在日数 ・感染源と思われる接触の有無		感染源を明らかにし（感染推定地域および感染源との接触の有無を発信）、国民にリスクを認知してもらう。 ・同行者：状況把握ができているため公表しない。
医療機関への受診・入院後の状況 （基本方針1）	・入院した医療機関の都道府県 ・症状と容態　・治療法	・医療機関名	・医療機関名：原則として入院後は、基本的に他者への感染がないため、公表する必要はない。ただし、医療機関での行動に基づき、感染拡大のリスクが生じ、不特定多数の者に迅速な注意喚起が必要な場合には、公表を行う場合もある。

（点線枠）補足・留意事項　（実線枠）他者に感染させ得る時期等や公衆衛生上の対策状況による事項

	（公表する情報）	（公表しない情報）
感染者の行動歴 （国外）	他者に感染させる可能性がある時期以降の旅程（基本方針2（3）） ■訪問国、滞在日数 ■日本入国（帰国）日、発着地	・訪問理由 ・同行者の有無
	【他者に感染させる可能性がある時期以降＋感染者に接触した可能性のある者を把握できている場合】（基本方針2（3）①）	他者に感染させ得る時期以前の旅程・行動歴 （基本方針2（3））

厚生労働省健康局結核感染症課　令和２年２月27日事務連絡「一類感染症が国内で発生した場合における情報の公表に係る基本方針 」より

険料の滞納状況が分かりました。それを見ますと荒川区内に国民健康保険に加入している日本人は四万三九四一人、外国人が一万〇一七一人、全体で五万四一一二人が加入しています。滞納の割合が日本人は二割弱の一八・三六％に対して、外国人は六割を超え、六三・四五％が払っていません。

外国籍の人が国民健康保険に入っていても、このうちの約六割が滞納していると推定できます。

さらに厚労省は、今回の武漢ウイルス感染に関して、その感染者の国籍まで非公開項目としているのです。

私はこの情報非公開には反対です。なぜなら既に明らかになっていますが、人種や国・地域により感染具合が全く違う。これらの角度から今後の感染対策を探るためには、「国籍」の公表は絶対に必要ですし、何より国民皆保険制度を支える納税者として、これほど不払いが多い外国人を支えていると思うと、払うのが馬鹿らしくなりますからね。
しかも、健康保険に加入して滞納していなくても、治療を受ける時、実際に自己負担分を支払っているのかどうかも問題です。感染者が広がっていくことによって、外国籍の医療費も増加していきます。それを日本人が負担するというのでは多くの日本人は納得できないでしょう。国民健康保険は一般的に三割自己負担、七割を健康保険で賄います。これとは別に、七割自己負担の三割保険負担とする「外国人」健康保険制度を作るべきだと提案したいですね。早急に保険制度は見直しをしないといけないと思う。

藤井　あるいは日本に在留する外国人に関しては、民間の保険加入を義務付けるという方策もあります。

坂東　民間の保険に入っていない外国人は、日本の入国を断る。それをやっていかないと、日本の国家財政が潰れます。国民皆保険制度を真面目に支えようと考える私自身、払うのが馬鹿らしく感じはじめています。

藤井　少なくても無保険の外国人には、長期の留学、滞在はさせないように決断すべきでしょう。

韓国人の生活保護受給世帯率は跳ね上がる

坂東　それから生活保護の問題があります。平成二十七年の統計によると、日本の総世帯数五二一六万〇一四一のうち、生活保護を受けている世帯数は一五五万七五八六で、その割合は三%です。国際結婚している世帯もありますが、世帯主がどこの国籍かで統計を取っています。

韓国・朝鮮系の世帯数は一八万三七七一で、このうち生活保護をうけている世帯の割合は一六%（二万九四八二世帯）に跳ね上がります。六世帯に一世帯が生活保護を受けている勘定となります。中国は二五万八一二七世帯に対して保護世帯（四九六六世帯）の割合は一・九%です。

これは世帯ベースの話です。フィリピンでしたら、一世帯一人、二人かも知れませんが、韓国は代々、特別移住者として日本に住んでいますので一世帯の人数が多いわけです。

韓国人はなぜ、こんなに生活保護が多いのか。「民団」（在日本大韓民国民団の略称。在日韓国人の団体）のホームページに書いてありましたが、有職者、仕事を持ってい

国籍別の生活保護受給世帯と受給率

国籍	総世帯数	被保護世帯数	支給率
日本	52160141世帯	1557586世帯	3.0%
韓国・朝鮮	183771世帯	29482世帯	16.0%
中国	258127世帯	4966世帯	1.9%
フィリピン	56520世帯	5333世帯	9.4%
ブラジル	53757世帯	1396世帯	2.6%
米国	22509世帯	144世帯	0.6%
外国籍総数	1171656世帯	44965世帯	3.8%

※総務省平成27年国勢調査人口等基本集計結果と厚生労働省被保護者調査（平成27年7月末現在）より算出してます。

（衆議院議員長尾敬事務所の協力により作成）

る人は全部で六三万六六五四八人、無職が四六万二六一一人です。これはちょっとお断りしたいのは、このデータは一九九八年年末と約二〇年以上も前になっていています。去年の最新データはあるのですが、職業別の項目については正確に把握できていません。この段階で日本にいる韓国人の七二％以上が無職です。これは本当に無職なのかどうかわかりません。生活保護を受けるために、無職ですといっているかもしれません。その可能性が高いと見ています。

藤井　だとしたら、なおさら問題です。不正受給です。

坂東　日本にいる韓国人の状況は分かりにくい。今後、朝鮮半島の緊張激化や韓国政権のさらなる左傾化によって、もしかしたら、朝鮮半島からたくさんの難民が海を渡って日本にやってくる可能性があります。その場合、韓国系は韓国保守派の人も多いかもしれませんが、これとて決して親日とは限らない。さらに北朝鮮系の難民をどうするのか。南北から工作員みたいな人も偽装難民としてやってくる可能性は高い。そんな人たちも難民と認定すると日本に定着できるようになる。この場合、日本の負担はかなりなものになるでしょう。

藤井　そもそも、中国の生活保護世帯数の割合が一・九％と低いから、良かったねという問題ではありません。そもそも何で外国人に日本人の税金を使って生活保護をしないといけないのか。これが根本的におかしい。

坂東　暫定的な措置ということで、外国人の生活保護を行っているのですが、暫定措置を何十年も継続しているのです。昭和二十九年に厚生省社会局長から「生活に困窮する外国人に対する生活保護の措置について」という通知が出ていて、「当分の間」の通知であるはずが、これが根拠となっているそうです。

藤井　暫定的ではないじゃないですか。

坂東　暫定的とか「当分の間」いうのは常識的には一、二年の短期間の話だと思いますが、もう六十五年以上も前からですからね。

藤井　だとすると、恒久的な措置となります。

外国人は標識が読めるのか

坂東　その通りです。次の問題です。外国人の拠点となりやすいのは都会ばかりではなくて、田舎にもたくさんあります。外国人はだいたい親戚とか同郷者を頼ってきます。そうすると、住むのは都市部だけではない。外国人が田舎に行って、生活を始めるとまずクルマが必要となります。クルマに関して今は外国語で運転免許が取れます。英語だと、四六都道府県、中国語だと三〇道府県。東京都は中国語で取らせていません。ポルトガル語は一九道府県となります。ここで問題です。こうした外国人は日本の道路標識が読めるのか。

藤井　標識が読めない人に免許を交付していいのでしょうか。

坂東　外国語で試験を受けられますが、それで合格していたのでは日本語は読めないかも知れません。

標識の「止まれ」とかは、分かるかも知れませんが、電工表示板がありますよね。この先で事故が発生していますとか、そういう表示は、パッと見て、瞬間に判断しないといけないわけです。外国語で免許を取った人はその判断ができるのでしょうか。

それから、事故を起こしてしまった場合に、一一〇番通報が出来るのかという問題もあります。警視庁の場合一一〇番は通訳センターにつなぐので、大丈夫ですが、地方の県警の通訳センターでは一言語に一人か二人しか通訳官がいません。通訳官が出払っているとき、外国人の一一〇番通報は地方ではスムースには伝達もできないのです。

それと、三番目の問題として外国人に応急措置、救護が出来るのかということです。外国人が万が一、人を跳ねてしまった場合に、一一〇番通報しないといけないし、ケガをした人を助けないといけないわけです。これは義務です。それが出来ない可能性がある。それに、現場に到着した警察官に事故の説明が出来るのか。警察官が北京語、韓国語が出来れば問題はありませんが、そういう警察官はそんなにいません。

さらに、外国人の乗っているクルマが車検に入っているかどうかです。私は現役警察官の時に中国人を担当していたので、中国人のケースを話しますが、彼らは帰国する時にクルマをそのまま放置して帰国したりもします。また、友達が欲しいといえば、格安で売ってしまうこともあります。その場合、名義変更はしません。当然、貰った方も登録などの手続きが分からない。クルマのキーがあり、ガソリンが入っていれば走る。それでいいわけです。日本車はそんなに壊れないから、という意識があるので、車検も受けていません。ということで自賠責も入っていないケースがほとんどです。当然、任意保険にも入っていません。

そういう状態ですから、事故を起こすと、ほとんどの外国人は当て逃げです。私が扱った事案でも、最終的にパトカーで追い詰めて、コンビニ駐車場の鉄柵にぶつかって身柄を確保したことがありました。警察官に捕まると怖いから、逃げるしかないというのです。それでカーチェイスになってしまう。そうした逃走車がまた人を轢き殺したりする可能性もあるわけですよ。悪循環です。

藤井　外国人の交通取り締まりは大変ですね。

日本の治安は維持できるのか

坂東　あと、治安維持の問題です。これはいろいろな見方があると思いますが、殺人罪を

○ 来日外国人による殺人事件検挙状況（日本人被害・既遂のみ）

No		主たる被疑者の国籍等	共犯形態	被害者数合計（死者数）
				42
1	平成17年（6件）	フィリピン	単独犯	1
2		バングラデシュ	単独犯	1
3		中国	単独犯	1
4		ナイジェリア	単独犯	1
5		ナイジェリア	単独犯	1
6		ペルー	単独犯	1
7	平成18年（2件）	フィリピン	単独犯	3
8		中国	単独犯	1
9	平成19年（6件）	中国	5人組	1
10		中国	単独犯	1
11		中国	単独犯	1
12		韓国・朝鮮	単独犯	1
13		イギリス	単独犯	1
14		アメリカ	単独犯	1
15	平成20年（10件）	ネパール	単独犯	2
16		中国	単独犯	1
17		中国	単独犯	1
18		中国	単独犯	1
19		中国	単独犯	1
20		中国	2人組	1
21		中国	単独犯	1
22		中国	単独犯	1
23		韓国・朝鮮	単独犯	1
24		イギリス	単独犯	1
25	平成21年（4件）	フィリピン	単独犯	1
26		中国	単独犯	1
27		中国（台湾）	単独犯	1
28		ブラジル	単独犯	1
29	平成22年（5件）	中国	単独犯	1
30		中国	単独犯	1
31		中国	2人組	1
32		韓国・朝鮮	単独犯	1
33		クロアチア	単独犯	1
34	平成23年（2件）	フィリピン	単独犯	1
35		パキスタン	単独犯	1
36	平成25年（2件）	中国	単独犯	1
37		中国	単独犯	2
38	平成26年（1件）	フィリピン	単独犯	1
	合計38件			

注1　共犯者の国籍については、必ずしも主たる被疑者の国籍と同一とは限らない。
　2　共犯者については、必ずしも全員が検挙されているとは限らない。

来日外国人による殺人事件検挙状況

取り上げてみましょう。平成二六年までの過去一〇年間における来日外国人の殺人事件の検挙と被害状況を見ます。殺人未遂は入っていません。完全に犯罪となったものだけをピックアップしてみると、警察庁の統計では、日本人を殺した在日外国人の割合を見ると、中国人が四五％、フィリピン人一七％、韓国・朝鮮系七％です。

但し、これはあくまで、日本人を殺害した外国人だけの数で、しかも「来日外国人」によるもの。つまり永住者・特別永住者・永住者の配偶者以外の外国人です。この永住者・特別永住者・永住者の配偶者という三つの資格者は「在日」外国人に分類されるのですが、日本では「在日」分が全く公開されていません。で、日本の治安問題に関心の高い自民党衆議院議員の長尾敬先生から警察庁にリクエストしていただき、出てきた同じ「在日」の資料がこちらです（次頁）。

この二つを円グラフにすると、平成二十六年までの十年間に日本人を殺害した外国人の割合はこうなります。（一九四ページ）

殺人犯では韓国朝鮮人と中国人を合計すると外国人犯罪者の過半数を超えています。この人たちが「帰国難民」化した場合、日本に定着して日本社会の中に入るわけです。

検挙状況を見ますと、平成三〇年の総検挙数は三八万三四四〇件、うち外国人検挙件数は二万三六九八件で六・一八％。殺人罪の外国人検挙数の割合は六・八二％でした。今後は、外国人の犯罪が今まで以上に問題になると思います。善良な外国人はキチンと保護して日本国民と一緒になるのもいいでしょう。日本人は外国人とある程度混血してもいいと思いますよ。そのうえで、歓迎できる外国人とそうではない外国人とをキチンと

○　在日外国人による殺人事件検挙状況（日本人被害・既遂のみ）

No		主たる被疑者の国籍等	共犯形態	被害者数合計（死者数）
				43
1	平成17年（6件）	中国	単独犯	1
2		中国	2人組	1
3		韓国・朝鮮	単独犯	1
4		韓国・朝鮮	単独犯	1
5		韓国・朝鮮	2人組	1
6		韓国・朝鮮	単独犯	1
7	平成18年（2件）	中国	単独犯	2
8		韓国・朝鮮	4人組	1
9	平成19年（5件）	韓国・朝鮮	単独犯	1
10		韓国・朝鮮	単独犯	1
11		韓国・朝鮮	単独犯	1
12		韓国・朝鮮	単独犯	1
13		韓国・朝鮮	単独犯	1
14	平成20年（4件）	韓国・朝鮮	単独犯	1
15		韓国・朝鮮	単独犯	1
16		韓国・朝鮮	単独犯	1
17		韓国・朝鮮	単独犯	1
18	平成22年（3件）	韓国・朝鮮	単独犯	2
19		韓国・朝鮮	単独犯	1
20		韓国・朝鮮	単独犯	1
21	平成23年（5件）	フィリピン	単独犯	1
22		韓国・朝鮮	単独犯	1
23		韓国・朝鮮	単独犯	1
24		韓国・朝鮮	単独犯	1
25		韓国・朝鮮	単独犯	1
26	平成24年（3件）	フィリピン	単独犯	1
27		スリランカ	単独犯	1
28		韓国・朝鮮	単独犯	1
29	平成25年（8件）	韓国・朝鮮	単独犯	1
30		韓国・朝鮮	6～9人組	1
31		韓国・朝鮮	6～9人組	1
32		韓国・朝鮮	6～9人組	1
33		韓国・朝鮮	6～9人組	1
34		韓国・朝鮮	2人組	1
35		韓国・朝鮮	単独犯	1
36		韓国・朝鮮	単独犯	1
37	平成26年（5件）	韓国・朝鮮	単独犯	1
38		韓国・朝鮮	単独犯	1
39		韓国・朝鮮	6～9人組	1
40		ブラジル	単独犯	1
41		ブラジル	単独犯	1
	合計41件			

注1　共犯者の国籍については、必ずしも主たる被疑者の国籍と同一とは限らない。
　2　共犯者については、必ずしも全員が検挙されているとは限らない。

在日外国人による殺人事件検挙状況

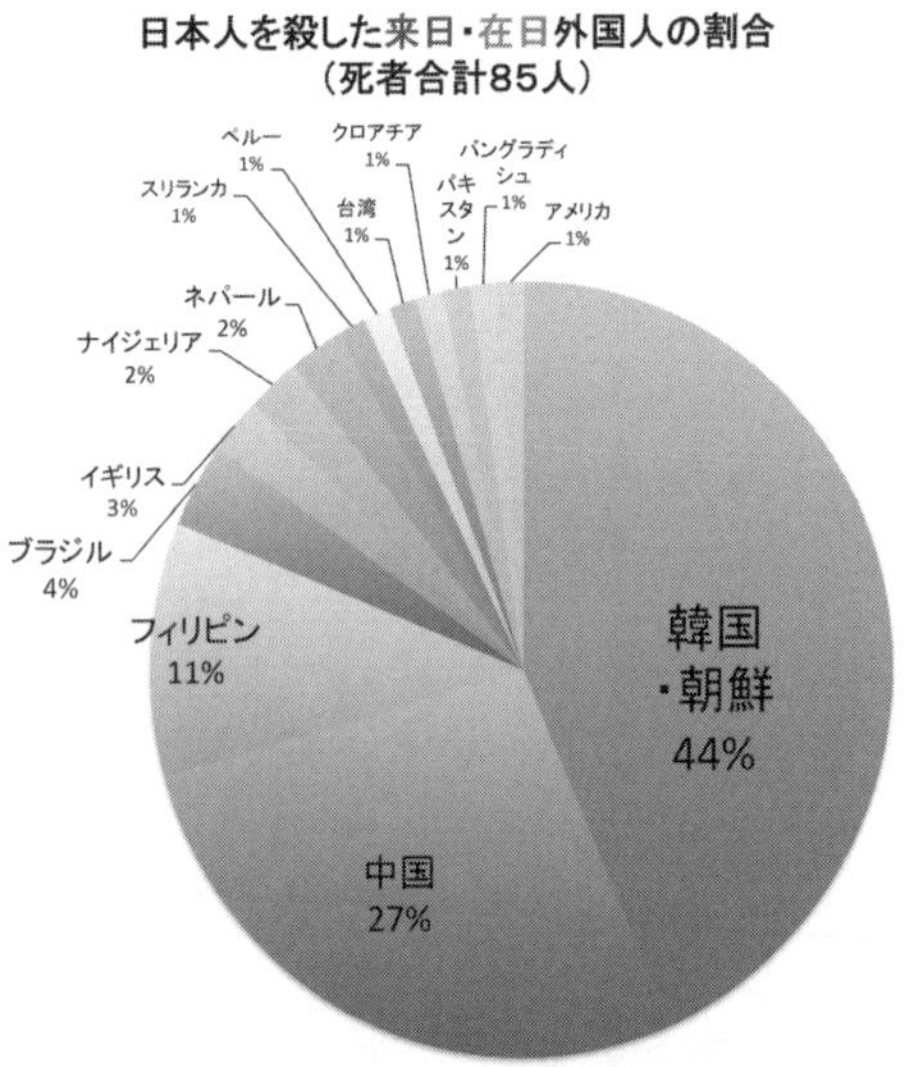

区別しなくてはいけないと思います。

難民となった中国人は同国人を頼りにします。そして、中国人の同居人を見つけ何人かが集まり、同居人の仲介がビジネスになります。すると同居希望者がドンドン、増えていきます。彼らは家賃を折半するため負担が軽くなり支払いは確実。大家さんはそれを歓迎し、一人契約で単身居住する日本の苦学生や家族持ちより、ルールは守らなくても支払いのいい中国人居住者の複数同居を歓迎する。しかし、一部屋に何人も入って、夜中など大騒ぎする。しかもゴミ出しでは分類しない、決められた日に出さないなどの問題を起こします。でも家賃は確実に支払うので、大家さんも追い出しにくい事情があります。

藤井　そういう点を含めて、「帰国難民」問題に真剣に対処しないといけません。

日本の労働市場を破壊する要因にも

坂東　実は、さらに深刻な問題があるのです。認定されて難民になると、食べて生きていくために稼がないといけないので、就労活動が始まります。すると日本において低賃金が促進されてしまい、日本人の労働環境は悪化することにもなるのです。日本人労働者は最低賃金以上で働いていますが、日本人が中国人労働者に駆逐されているのです。

というのも、中国人の方が日本人より安く働いてくれるからです。

中国は豊かになったとはいえ、収入格差があまりにも大きく、先日の全人代で共産党ナンバー2で国務院総理の李克強が五月二十八日、第13期第三回の全人代後の記者会見で、「中国の一人あたりの年収は三万元（約四十五万円）で、六億人は月収千元（約一万五千円）だ」と記者たちに伝えています。平均四十五万といってもこれは極く少数の物凄い資産家が平均を引き上げているわけで、月収も日本円にして一万五千円の六億人以外にも、更に貧しい人民が多数存在しますから、たとえば日本人労働者の最低賃金の時給が千円だとすると、中国人労働者は時給八〇〇円で働いてくれます。そうすると、少しでも人件費を低く抑えたい経営者たちは日本人をドンドン排除していく結果になるでしょう。

また、中国人の労働者の「権利」を守るために中国大使館が介入してくることもあります。

いずれにしても、残留外国人や「帰国難民」が日本社会にうまく溶け込むのなら問題はありません。だが、それぞれの外国人をまとめる機関があります。たとえば、在日韓国・朝鮮人のために「民団」や「朝鮮総連」があり、日本社会と一線を画し自民族の優位性と利益拡大のために動いています。また中国人はネットを駆使して、日本に世論戦を仕掛け、自分たちが有利になるような動きをしています。こうした帰国難民が今後、増加しようとしているのです。そういう人たちの滞在期間が切れて、難民申請すればおおむね許可されるわけです。

今だったら中国人を本国に帰しても大丈夫です。オーバーステイした人はドンドン、帰国させておくべきです。母国のウイルス対策で二週間留め置かれるのが嫌だとか、武漢市は感染がひどいから帰れません、とかいっても武漢市以外の地方に帰せばいいだけの話です。政治家の方には是非、「帰国難民」の対応を真剣に考えていただきたいと思っています。

藤井　日本は国を挙げて「赤ひげ」先生（山本周五郎の時代小説『赤ひげ診療譚』に出てくる町医者。貧乏な人からお金を受け取らず、また、他の医者が嫌がるような病人もこころよく診るので、理想の医者の代名詞となっている）みたいなことを、善意の通じない外国人相手にやっているのですね。しかし、そもそも外国人に生活保護を出すということは、違法ではないですか？

風俗業界が一番感染リスクが高い

坂東　それと、もうひとつ、有識者はなかなか話しにくいと思いますが、今回の感染で大変なのは風俗業界です。お客と密接な関係となるのである意味、命がけの商売になっていることは以前から問題提起してきましたが、最近までは「接待が伴う飲食店」という表現で小料理店などと混同した表現が問題となり、キャバクラやホストクラブなど「夜のお店」として区別されるようになりました。しかし中でも風俗、ソープランドやデリヘル業界などで働く女性は、三密のうちの二つ（密接、密閉）の条件が揃うわけです。これを放置していたら、大変だと思います。

感染した人たちは、風俗店に行きましたとかなかなか言いません。すると感染ルートが追えないことになります。ここは厚労省が、しっかり風俗、ソープランド、キャバクラを含めて管理・指導する必要があると思います。こうした女性は、感染するリスクが一番、高いわけです。当然、経営者や管理者は、女性を守らないといけないわけです。女性を守るには、どうしたらいいのか。実際グレーゾーンなので言及できる政治家もあまりいませんが、需要がある商売ですし、そうした場所に非常事態でさえ出入りして遊んでいる政治家がいるのですから、そこで働く女性たちが頼れる状況を政府はしっかり作っていかないといけないでしょう。

藤井　確かにソープランドなどは落とし穴ですね。

坂東　あと、武漢ウイルス感染拡大のニュースで気になったのが、言葉の使い方です。日本人なのに「オーバーシュート」とか、「ロックダウン」とか、テレビなどを観ていると、外国語がしょっちゅう出て来ます。テレビ番組をご覧になっているお年寄りなどは何を言っているのか分からないと思います。本当に日本国民に伝えたいと思っているのか大いに疑問です。そもそも横文字を使う必要はないのではないか。「オーバーシュート」を「爆発的感染」、「ロックダウン」を「都市封鎖」といえばいいじゃないですか。どうして、東京都の小池知事やマスコミがそういう言い方をするのか理解できません。

藤井　「武漢ウイルス」が発生した初期において、「アウトブレイク」などといっていましたね。「感染急拡大」という意味ですが。日本語に置き換えて言えばいいわけです。おそらくWHOがそういう用語を使っているから、それに引きずられて日本でも使っているのでしょう。しかし、坂東さんが指摘されたように日本国民の事を思えば、日本語に言い換えるべきです。一般の国民には意味が分からないでは困ります。少なくとも英語・日本語の両方併記でやればいい。

「チャイナ（依存）ウイルス」からの脱却を

藤井　ともあれ、今後の日本はチャイナ頼みではない、チャイナフリー、つまり、中国にあまり依拠しない経済体制を構築することが急務です。

坂東　物価は多少上がるかもしれません。それでもサプライチェーンの流れを変えて、中国脱却の覚悟を日本国民全員が持つべきでしょう。

藤井　意識改革をするには、コロナに痛めつけられた今こそ、いい時期です。十四世紀、ヨーロッパで大流行したペストによって、封建制度を主軸にした中世社会は完全に崩壊しました。

今回の武漢ウイルス・パンデミック（世界的大流行）のせいで、昨年までのようなヒト・カネ・モノがグローバルに動く世界に戻ることは不可能です。

坂東　もう後戻りはできません。特定技能を持つ移民労働者などを受け入れることも含めた働き方改革関連法が四月に施行されましたけど、コロナによる影響はこの分野にも派生してくるでしょうね。

藤井　テレワーク（在宅勤務）が社会にどんどん導入されていくでしょう。

長年懸念されてきた東京の一極集中だって、テレワークが当たり前となったら人口が地方に分散していく現実性も出てきた。そうなれば不幸中の幸いです。

坂東 残る仕事と、残らない仕事も明確になっていくでしょうね。

藤井 とにかく今は日本国民一人ひとりが決して慢心せず、道徳心・自制心を発揮して、防疫を続けるほかありません。

――最近、世界各国で中国に賠償請求の流れが加速し、反中国の機運が高まってきていますが、日本では大勢の親中派たちの中国寄りの姿勢がものすごく目立ちます。

このままの情勢が進んで行くと、もしかしたら、日本も、アメリカから何らかの制裁を受けたり、あるいは、世界から軽蔑されたり、敵視されたりするのではないかと危惧しております。この点、藤井さんいかがですか。

藤井 その通りです。米中は「宣戦布告」こそありませんが、もはや「戦争状態」です。「冷戦」の真っ只中ですよ。日本ではアンチトランプで中国の肩を持つようなメディアが、「トランプは間抜けだ」と報じるばかりで、何をやってもネガティブな情報しか入ってきません。だから、みんな誤解しています。一般のアメリカ人はものすごくチャイナに怒っているのです。それが損害賠償訴訟のカタチになっている。チャイナに対する訴訟の動きは他の国でも起きています。裁判は有効性がないかも知れない。それは分かっているのです。これは、世界中の人たちが激怒しているという意志表示なのです。

フロリダで医療関係者が起こした対中国訴訟は、マスクなどの買い占め問題を取り上げています。またWHOを訴えているケースもあります。WHOは中国の言うことばかりを聞いて、正確な情報を流さなかったではないかと糾弾しているのです。

にもかかわらず、いまだに日本企業はチャイナに投資をしています。日本にハイテク、AIの研究を一緒にやりましょうと中国が擦り寄ってきていますね。これらは国家が発展していくうえで大事な分野です。この新技術が、これからの自国の発展を担っていくわけです。それを安易にスパイ国家・中国と共同で研究している日本企業がある。自民党だけではなく財界も官界も、世界で何か起きているか分からないで旧来からの「中国寄り」で生きていくことが善であるという「チャイナ（依存）ウイルス」に感染してしまっている。そういう人たちが、政財界、官界を牛耳っているのです。

アメリカはいよいよ、中国へのハイテク技術の輸出禁止など「封じ込め」政策を実行します。以前から発表されていたのですが、細則をつくるのに時間がかかったようです。ECRA（アメリカ輸出管理改革法）という、かつてのソ連衛星国に対するココム規制に近いものを適用していきます。

これは、「新興技術」と「基盤的技術」を「新基本的技術」として、14のカテゴリの技術（バイオ、AI技術、測位技術、マイクロプロセッサー技術、最新コンピュータ技術、量子情報

および센シング技術など）を上げており、中国を念頭に中国系企業や中国系投資ファンドを排除のターゲットにしています。日本企業を含む他の国の企業にも適応されます。これらの技術を勝手に中国に移転、輸出したらアメリカから制裁を受けるのです。

かつて、東芝機械はココム違反をしてソ連原潜のスクリュー音を逓減する工作機械の技術を売り渡し、アメリカから制裁を受けました。今、米中が戦っているときに、もう二股は許されません。アメリカ市場を取るのか、中国市場を取るのか、二つに一つです。これは日本の自動車メーカーも含めて日本の企業が厳密に考えないといけないことです。自由や人権を弾圧するような政治体制と日本は協力して、それでもカネを儲けたいのか。そうじゃない方向を選ぶのか。日本国民、日本企業は今、選択を迫られているのです。

坂東　中国に媚びる報道をしがちな朝日新聞なんかが大好きな日本国憲法の前文にはこうあります。

「われらは、平和を維持し、専制と隷従、圧迫と偏狭を地上から永遠に除去しようと努めてゐる国際社会において、名誉ある地位を占めたいと思ふ。われらは、全世界の国民が、ひとしく恐怖と欠乏から免かれ、平和のうちに生存する権利を有することを確認する。われらは、いづれの国家も、自国のことのみに専念して他国を無視してはならないのであつて、政治道徳の法則は、普遍的なものであり、この法則に従ふことは、自国の主権を維持し、他国と対等関係に立たうとする各国の責務であると信ずる。日本国民は、国家の名誉にかけ、全力をあげてこの崇高な理想と目的を達成することを誓ふ」

この憲法の精神に忠実たろうとすれば、ウイグルや香港弾圧を行ない、その地の人々に「専制と隷従、圧迫と偏狭」を強制している中国と戦う必要があるのは言うまでもありません。それでこそ「平和国家」です。

日本は台湾を重視せよ

藤井　その観点からすれば日本は中国よりも台湾を重視すべきです。台湾では国民党政権の馬英九前総統が親中派でしたので、この時はオブザーバーとしてWHOに入れてもらっていたのです。しかし、独立色をハッキリさせた蔡英文政権が誕生してから、オブザーバーとしても排除されてしまった。今回の「武漢ウイルス」で一番、被害を受ける危険性があった国は台湾です。それなのに台湾はほぼ完全に「武漢ウイルス」を抑え込んだ。それでもWHOは台湾を排除した。WHOが台湾を排除する理由は中国共産党にそう指令されたからでしょう。日本は、今後、台湾をWHOに正式加盟、少なくともオブザーバー参加を容認するように積極的に発言していくべきです。

それから、台湾の対応がどれだけ素早かったのか。第1章でも述べましたが、二〇二〇年一月二四日、業界団体と政府が話し合いをして二五日から団体旅行で中国に行くのを禁止。三一日までに台湾に入っていた中国人旅行客、六〇〇〇人強を同日までに（隔離者五人を除いて）全員、中国に帰しました。

また、参考までに言っておくと、フィリピンもボラカイ島というリゾート地にいた湖北省、武漢市から来た中国人観光旅行客四六〇人を中国に強制送還したのです。フィリピン航空局がチャーター機を手配して、二七日までに中国に送り還しました。親中派のフィリピンのドゥテルテ大統領でも、国益のためならばキッチリと対応をしています。

国連機関は「全世界の奉仕者」ではなく「中国共産党の奉仕者」？

――トランプ大統領はＷＨＯによる新型コロナウイルスの対応に関して非常に中国寄りだと批判していました。中国がＷＨＯを利用して新型コロナウイルスに関して都合のいい方向に情報操作している問題に切り込む姿勢を示したもので、アメリカはＷＨＯ最大の資金拠出国で、二〇一七年にはＷＨＯ年間予算の四分の一に相当する五億ドル、日本円にして五四四億円を拠出していました。

そしてアメリカのトランプ大統領は、そういう中国寄りのＷＨＯとの関係を解消すると五月二九日に正式に発表しました。

坂東　七月七日にＷＨＯから脱退することを正式に国連に通知しましたね。アメリカの動きは当然ですよ。ＷＨＯが中国べったりの姿勢を改めないと、こうした動きがさらに加速する可能性があります。世界のだれもが、テドロス事務局長は明らかに変だと感じています。習近平のパペット（操り人形）でしかない。日本のメディアはその点をさほど追及もしない。日本のメディアは中国寄りだからでしょうね。そもそも、中国はいろいろな国連機関の乗っ取りをやっています。

テドロス氏就任前のＷＨＯ事務局長はマーガレット・チャン氏で、二〇〇七年から二〇一七年までの一〇年間、就任していました。この人はもともと二〇〇三年のＳＡＲＳ騒動の時、香港政府の衛生所長でしたが、ＳＡＲＳを隠蔽した過去があり、この失策があったにもかかわらず、中国側からの強い推薦で、ＷＨＯ事務局長に就任したのです。

藤井　ただ、二代続けてトップに中国人というわけにはいかないので、いわば中国の名代として、中国の覚えめでたくエチオピア出身のテドロス氏が就任したわけです。

坂東　テドロス氏は、エチオピアではティグレ人民解放戦線に加わって、エチオピアのメンギス政権の打倒を目指していました。「毛沢東思想」の影響を強く受けて、ある在米研究者は、「彼（テドロス氏）は根っからの共産主義者だ」と判断しています。このような中国寄りの人が事務局長に就任して中国を盛り上げているわけです。それにもかかわらず、日本はＷＨＯに一六六億円拠出して感謝されていましたよね。疑問を感じます。

国連の機関自体を疑うべき段階に来ています。先代のマーガレット・チャン氏は中国に加担する動きを実際にしていました。オブザーバー参加していた台湾に対して、「中国台湾省」と呼ぶようにと内部通達を出し、二〇一七年のＷＨＯ総会には台湾を招待せず、台湾排除の動きを強めた。この流れをテドロス氏が継いでいます。テドロス氏に問題があるというより、ＷＨＯの組織自体がダメになったとトランプ大統領は結論付けたのではないかと思う。ＷＨＯの体質が腐っているので、拠出金を停止し脱退することにしたのです。

藤井　これはその通りで、国連の専門機関四つ（国連食糧農業機関、国際民間航空機関、国際電気通信連合、国連工業開発機関）のトップが中国系です。こうした中、今年四月に世界知的所有権機関（ＷＩＰＯ）の事務局長選挙が行われ中国人女性とシンガポール特許庁官の争いになったのですが、最後はシンガポールが勝利し世界中が安堵したことがありました。知的財産の泥棒（中国）が知的財産の保護者になるところでした。ただ、国連の事務総長アントニオ・グテーレス氏（ポルトガル）も親中派です。

日本人や欧米人は、国連職員でも、自国の国益のために送り込まれた工作員ではありません。しかし、中国政府系の人は中国共産党の意のまま動く、工作員とみなして間違いありません。「全世界の奉仕者」ではなく「中国共産党の奉仕者」として彼らは活動するのです。

坂東　中国のいうことを聞かない中国人トップに世界警察機構（ＩＣＰＯ）総裁がいました。二〇一六年の総会で孟宏偉氏が総裁に選ばれたのですが、二〇一八年に忽然と姿を消します。フランス当局が捜査に乗り出しますが、その後、中国当局が逮捕して、中国本土に連行されたことが分かりました。中国政府からあるウイグル人の指名手配がＩＣＰＯへ要望されたのですが、それはさすがに無理があるとして、ＩＣＰＯは逮捕しなかったのです。そうしたら、総裁が中国当局に逮捕されて失脚してしまったという話です。中国のやることはヤクザなみで無茶苦茶ですよ。見えないカタチでの覇権を徐々に広めていっている。本当にけしからん国家です。

買収し放題の金権選挙が横行

藤井　生きているものは何でも食べるのと同様に、おカネで買えるものは何でも買うのが中国流です。

ＷＨＯ事務局長のテドロス氏は五月一八日から始まったＷＨＯ年度総会に台湾へ招待状を出しませんでした。これについて台湾の陳建仁・副総統（当時）は台北市で五月一四日に記者会見して「新型コロナウイルスの感染拡大を封じ込めた台湾の手法は『世界が学ぶ価値がある』と指摘。総会へのオブザーバー参加に向けて国際社会に支持を訴えた」(二〇二〇年五月一五日付、日本経済新聞)のです。

それに対して先般、香港の記者がWHOの上級顧問であるブルース・エイルワード氏にスカイプでインタビューをしました。その時、台湾問題を尋ねたら、聞こえないふりをしました。そして繰り返し質問をしたら、今度は回線を切ってしまったのです。この上級顧問は有名な発言をした人で、二月二五日に行われた記者会見で、「もし自分がCOVID-19に感染したら中国に治療してもらう」と語ったぐらいの親中派です。そういった人たちがWHOにはゴロゴロいます。

では、なぜ国際機関のトップに中国人がなってしまうのか。それは中国がおカネを出しているからなのです。堂々と拠出金として出しているわけではありません。国連の下部機関トップは加盟している国の投票で選ばれます。この選挙は買収し放題なのです。もともとこの選挙には「公職選挙法」がありません。中国はアフリカや中南米など貧しい国家に、「開発援助資金を出すから、この人に一票を入れてくれ」と頼むわけです。

そのようにお願いすれば堂々と中国が希望した人がトップに当選してしまうのです。それは公然たる外交交渉として容認されているのが現状です。もっと露骨にいえば、個人的に賄賂を渡すということもあるでしょう。堂々と金権選挙がまかり通っているわけです。

個人におカネを渡すのは良くないことだと思っても、今度は貴国で鉄道を開発建設してあげるよ、その代わりに一票入れてほしいと要請されたら、途上国のほとんどは中国の意向に従います。これは外交の一環であって、別に国際法で禁止されていないわけです。それでトップが中国人か、中国寄りの人物ばかりになっていく。そういう歪な構造です。

今後、国連の活動への協力について日本は考え直した方がいいと思います。現在の国連は機能不全に陥っているだけではなくて、中国のツール、道具になり下がっています。ですから、私は国際連携の主体を国連からG7へ移したらどうかと提案しています。G7の代表が集まってこの件で議論した方が、はるかにいいと考えます。今の国連を潰して第二国連を作った方がいいと思う。

戦後の労働組合運動でも、共産系が主流で政治ストやらやり放題なのを批判して、有志による「第二組合」ができて、それがやがて「労使協調」路線の多数派となっていった歴史があります。責任を持って公平に行動する民主国家が中心になって、国際連携の枠組みを再構築していく必要があります。

死刑となった政治犯の臓器を売買？

坂東　WHOは健康問題を考える上で、大事なことを見落としています。例えば、中国はウイグル人やチベット人など少数民族を弾圧したりしていますが、ハッキリしたことは分かりませんが、政治犯で死刑になった人の臓器が売買されているという話を聞きます。「武漢ウイルス」感染拡大後に、死亡した人の肺を移植し成功したというニュースも流れていました。

しかし、これはおかしな話で、まだ肺機能などがしっかりしていた遺体があったのかも知れませんが、実は「遺体にした」あとで移植した可能性がありますね。当然、移植される患者に適合した臓器でなければなりませんので、移植は通常、少なくても二〜三年待ちです。それが、そのニュースではすぐに臓器が利用できたとありましたからね。

藤井　しかも、誰が臓器提供しているか分からないような臓器移植手術をWHOは「中国モデル」だといって、世界は見倣うべきだと推奨するような提言もしています。とんでもないですね。私も死刑囚の遺体を使って臓器移植をやっていると聞いています。政治犯など、何も悪いことをしていないウイグル人やチベット人、さらには「法輪功」の信者を捕まえて死刑にして、その臓器を提供すると批判されています。

坂東　法輪功は宗教ではありません。特定の神を信じているのではなく、ただ神を信じていることが入会の条件です。どんな神さまでも構いません。もちろん、中国共産党が目の敵にするような暴力集団でもない。法輪功は中国共産党が転覆したら、力を伸ばすでしょう。

藤井　だから、中国共産党は法輪功を怖くなって弾圧しているのでしょう。

坂東　法輪功の人たちと話をしてみると、今の共産主義体制がいけないのではなく中国人の心が問題であるといっています。だから中国の民主化で国が良くなるわけがない、と力説していました。今の中国政府は共産主義ではなくて、ただの独裁主義ですからね。共産主義が元凶ではないのです。

日中友好病院が臓器移植の拠点に

藤井　北京に日中友好病院があります。この病院の中に肺移植センターが、二〇一七年四月に設立されました。肺の移植は難しいのですが、移植にこの病院が盛んに使われています。この病院はそもそも、首相の大平正芳氏が協力して一九八四年に設立したのです。日本の無償援助で創立されたこの病院は、日本の進んだ近代医療を中国に教えようという目標で作られたモデル病院だったのです。今ではその役割がかなり違ってきているようです。

坂東　さらに臓器移植の事を申し上げますと、麻酔をすると臓器機能が低下するので、麻酔をしないで、臓器を取ってしまっているケースがあるらしいのです。これはいつからやっていたのか。私が最初に知ったのは、今から二〇年くらい前になると思います。

死刑囚から皮膚を剝がして保存していた人がアメリカに亡命して、その事情をアメリカ議会で証言をして明らかにしたのです。死刑になった遺体をベルトコンベアに乗せ、肝臓を抜く係や、腎臓を抜く係、胃を抜く係などがいて、本人は皮膚をはがして培養液につける係だったという。まるで自動車組立工場のように、次から次へと順番に臓器を取り出すわけです。そして、臓器を抜かれてもう死んでいると思っていたのに皮膚をはがしたら、その死体が「痛い」と叫んだためもういたたまれなくなったと、アメリカに亡命した人は心のうちを吐露した、との記事を産経新聞で見たのです。中国国内は随分前から目茶苦茶な状態です。

日本は、そんな「中国の移植モデル」を推奨するようなＷＨＯに国民の税金を投じていいのでしょうか。

藤井　そもそも、そのおカネはどこに行ってしまうのでしょうか。

坂東　中立ではない人が国連機関トップになったら、脱退はしなくとも、拠出しないとか減額するとかすべきでしょう。

世界は岐路に立たされた

坂東　今回の武漢ウイルスによって、世界が大きく変化する岐路に立たされていると思います。

藤井　完全に二分化するでしょう。一つは欧米や台湾、オーストラリアなど、自由貿易のルールを重んじ、チャイナを排除するグループ。もう一つは「一帯一路」などチャイナの傘下に入るグループです。日本はもちろんチャイナを排除するグループに入るべきですが、日本の政界や財界には親中派が根強く存在します。二股をかけることはできません。万が一、日本がチャイナの属国になるグループに入ったとしたら、日本は終わりです。欧州でもドイツなどは、チャイナ組に入るのかも知れません。

坂東　その決断に大きな影響を及ぼすのが、「ポスト安倍」ではないでしょうか。ただポスト安倍の面々を見ていると、はなはだ頼りない。その筆頭と目される岸田文雄さんにしても親中派ですし。石破茂さんも南京虐殺謝罪派で「五十歩百歩」。

藤井　安倍政権は、緊急経済対策を発表しましたが、額は少ないし、スピードも遅かった。しかも消費増税ショック、武漢ウイルス恐慌、東京五輪延期のトリプルパンチで、リーマンショック以上の経済停滞が確実です。私は二〇二〇年、通年で少なくともGDP二〇%減を予測していますが、もっと激減するかもしれない。

本当にそうなったら大量の失業者が出てしまう。経済対策が失敗すれば、安倍内閣の支持率はさらに急落するでしょう。真水分、百兆円規模の経済対策が必要です。

坂東　安倍総理はできる範囲の中で最善を尽くしていると思います。ただ超法規的措置を取る際に、果断に動けなかったのも確か。

その一方で、安倍総理でなければ、誰がここまでの対策を打てたのか。保守の中にも反安倍を唱える人が居ますが、彼に替わる総理候補は与党、野党の面々を見渡しても、全く存在しません。

藤井　だから困ります（苦笑）。安倍総理が今やめてしまったら、もっとひどい状況に陥るのは確実です。

坂東　〝悪夢〟の民主党政権時代を持ち出すのもズルいかもしれませんが、悪夢と言うより、あれは現実に存在した過去です。今、民主党政権だったら日本は経済的に倒産していたに違いありません。しかも中国の言いなりになっていたはずです。

藤井　同感です。

坂東　そういう意味で確かに今は戦後最大の国難だと言えます。だからこそ武漢ウイルスについて、我々一人ひとりは正しい知識と認識を持つべきです。たとえば、二〇一八年、インフルエンザを直接の原因とする死亡者数は三千三百二十三人、肺炎による死亡者は九万四千六百五十四人。現在、武漢ウイルスでの日本国内の死者は千人ちょっと（八月一日時点）。確かに死亡者数でいえば武漢ウイルスのほうが圧倒的に少ない。

でも、楽観視できる根拠は何もありません。ほかの病気と比較するのではなく、これが新たに加わるかもしれないと考えるべきで、予防対策をきっちりと講じるべきです。自分はすでに感染している――この前提で適切な行動をとってほしい。

藤井　ある動画サイトでは、「若い人は感染しても免疫力が高いので、重症化しない。重いインフルエンザ程度にとらえていればいい」と言う人がいました。

テレビのワイドショーでも、ある専門家が初期の段階で同じようなニュアンスのことを言っていました。とんでもないことです！　百年前のスペイン風邪では五千万人以上が死亡しています。若者の死亡率が低いのは確かです。しかしその若者が、老人に感染させる訳です。

緊急事態宣言発令の際、安倍さんは記者会見で「若い人は、地方への移動は厳に控えていただきたい」と言いました。これはいい忠告です。田舎にいる祖父や祖母、もしくは両親に感染させる危険性があるし、感染範囲がどんどん拡大していく恐れがありますから。

坂東　スペイン風邪の場合、第一波（一九一八年三月～八月）の感染拡大ではそれほど大した死亡者数ではなかった。

藤井　ところが、第二波（同年九月～）が来て、最前線で戦う兵士に蔓延、一気に死亡者数が増加しました。第二波のときは、毒性がさらに強まっていたのです。この第二波では、兵士となった多くの屈強な若者達が犠牲者になりました。若者が、変異した武漢ウイルスにも強いという保証はないのです。第一波の時点で、甘く見ていたところ、いつの間にか感染者数と死亡者数は倍々ゲームで急増してしまった。今回の武漢ウイルスも一緒で「今のところ、死亡者数が少ないから日本は大丈夫」と言っている人は、ウイルス性による病気の恐ろしさを本当の意味で理解していないのです。

坂東　今後、感染者数がどれほど減少するのかわかりません。ただ、数字が下がってきたからといって、安易に中国人などの入国規制を解除することは危険です。

それと、日本には前述したように、八十万人を超える在留中国人がいます。それ以外にも短期滞在者や不法滞在者などが一定数いる可能性もある。「緊急事態」なのですから、日本は責任を負いきれない。これらの中国人を一刻も早く本国に戻すことも重要です。

第4章

中国を本気で潰しにかかるアメリカ

米株価の動向が大統領選挙を決する

藤井　中国が捨て身の戦法というか、「武漢ウイルス」をアメリカに撒きちらして混乱を発生させることによって、あわよくば、トランプ敗退を目論んだ可能性があることは前の章でも述べましたが、本章では米大統領選挙について論じていきましょう。

感染者が拡大していた時、アメリカのダウ平均株価が急落する局面がありました。「二万ドル前後まで下がったら、そこが底値」と予測したのですが、この予測は大体当たったと思います。一方、日本の日経平均株価は現在二万二～三千前後を行き来しています。しかし第二波が来れば一万四〇〇〇円近辺まで下がるかも知れません。またその水準が、大底かどうかわかりません。これはリーマン・ショックで急落したのとは背景が全然、違うのです。今、我々が直面している問題はアメリカでも、日本でも実体経済の影響です。

要するに武漢ウイルスの感染を広めないために、感染が蔓延し始めた初期の段階では、人が出歩けない、集まれない、人やモノが動かないという事態を余儀なくされました。さらには物流の停滞が加わりますから生産活動も、消費もできません。ということで、実体経済の規模が小さくなって脆弱化したのは当たり前の事態です。

この対策は一刻も早く、ワクチンの開発などでコロナウイルス感染の収束をさせて、大規模な経済対策を実施する以外にありません。もっとも、買い物にスーパーに行かなくても、配達配送はまだ出来るわけですから、動いている部分はあります。実際に現場に行かなければいけない社員はいますけど、在宅勤務（テレワーク）が出来る人も多い。そういう人たちは、取りあえず給与は減らないので、その人たちが軸となって全体の経済を活性化していかないといけないでしょう。そういう新しい生活によって、また緊急事態宣言が解除されることによって、経済活動も部分的にせよ動き出し、日米でも株価はそこそこ持ち直し、失業率も最悪の予想に比べればそこまでは悪化はしていません。とはいえ、流動的です。

ともあれ、消費を喚起するような政策を早急に打ち出し実施すること。具体的には失業対策や現金給付、大幅な減税実施ということになります。最近のニュースでは「過剰」な経済対策と解説していますが、やれることはすべて、やらないといけない。そこでトランプ大統領が思い切った予算を提案しました。

まず、アメリカ景気を下支えするために、社会保障関連の財源になる給与税を一時的に免除する案を提案。今年十一月に迫る大統領選挙に向けた過剰な景気浮揚策との見方もあり、下院で過半数を握る野党民主党が支持するかどうかは、不透明だと見られていました。

ここで景気を回復基調にしてしまうと、秋の大統領選挙では共和党のトランプさんが勝ってしまうので、民主党としては彼に思い切った景気対策をさせたくないわけです。党利党略そのものです。ただ、それを露骨にやったら、今度は民主党は自分の首を絞めることにもなります。国民の利益を度外視して、党略に走ったら、逆に大統領選挙は不利になると思います。それが分かっていますから、民主党は下院で、トランプ大統領が計画した経済対策をスンナリと通過させました。しかし、今の民主党を見ているとトランプ大統領に何か今回の「武漢ウイルス」対策でマイナスがあれば、すぐに攻撃する姿勢ですね。「はじめに」でも触れたように、ここに黒人暴動問題が発生し、民主党にとっては渡りに船の事態にもなりました。

坂東 日本の野党に似てきましたね（笑）。

藤井 黒人問題は「はじめに」でも論じたように、所詮は左翼過激派と民主党左派などによる三文芝居で、その底意に関して、まともなアメリカ人はトランプ大統領のほうが正しいことを認識しています。それより問題なのは、やはり経済なのです。アメリカ経済はトランプ大統領の狙っている政策実行がポイントです。一部の専門家は「過剰な景気浮揚策だ」と批判していましたが、今の状況を鑑みるとそんなことはありません。アメリカの景気が回復すれば、日本の景気も良くなる。日本にとっても大きなプラスです。日本も、過激といわれるぐらいの経済対策を是非とも実行してもらいたい。欧州各国も消費税の減税に踏み切っています。日本も追随すべきです。

いずれにしても「武漢ウイルス」感染がここまで広がってしまうと、ワクチンや治療薬が出来る以外に根本的な解決は難しい。ただクスリの開発には一年程度かかると思われます。うまくいけば、「武漢ウイルス」感染は来年になれば普通のインフルエンザ並みの問題になっているかも知れない。すると、こうした好材料を株式市場は織り込んでいきますので、株価は夏以降復活します。九月中旬までコンスタントにニューヨークダウ平均株価は二万五〇〇〇ドルを上回ると思います。トランプ政権になってから、好景気を背景に株価は上がり過ぎた感もあります。ミニバブルのようでした。ダウ平均株価二万一〇〇〇ドルはトランプ政権がスタートした二〇一七年一月から六カ月後の水準です。ダウが二万ドルを切っていると、「年金四〇一Kが損をする」ことになり、多くのアメリカ人の資産価値は毀損します。しかし、二万五〇〇〇ドル以上でしたら、株を持っている人に余裕が生まれます。私は二〇二〇年九月に株価はそこまで戻ると予測しています。

トランプの敵はバイデンではなく「武漢ウイルス」と国内のリベラル勢力

坂東　ただ、大統領選挙も情報戦という感じがしますね。

藤井　情報戦ですね。トランプ大統領にとって一番の敵は誰か。民主党の大統領候補バイデン氏ではありません。「武漢ウイルス」です。これはトランプ大統領のミスで起きた事件ではありません。完全に外から来たショックですが、国民有権者の大部分の印象は「経済が悪ければ、大統領の責任」と考える人が多い。ですから経済が立ち行かなくなれば、トランプ大統領は選挙に勝つことが難しくなる。民主党からいえば、景気を悪くしてトランプ批判をやれば、自然に票が入ってくる格好となります。

それから、もう一つ指摘しておきたいのは「武漢ウイルス」感染拡大による選挙活動の影響です。「武漢ウイルス」は、トランプ大統領の選挙活動に大きなマイナスを与えていますが、バイデン候補にとってはプラスに作用します。

もともと不人気なバイデン候補の応援集会に人は集まりません。民主党のエスタブリッシュメントに支えられているだけです。また既存メディアのほとんどが、バイデン候補を応援しています。だからアメリカ市民は、メディアを観ていると、バイデン候補に人気が出てきたと錯覚するのです。世論調査でも支持率が上昇中です。

その一方でトランプ大統領は草の根運動のボランティアによる熱狂的な支持基盤があります。私は今年二月にトランプ大統領の応援集会に行きました。すごい人気、熱気でした。「武漢ウイルス」で、こういった応援集会が出来ないと、この熱狂ぶりは市民に伝わってきません。テレビでトランプ大統領の悪口ばかり聞いていると結果的に、バイデン候補有利となってきます。「武漢ウイルス」はそういう皮肉な結果を生んでいます。

ただ、六月二十日に南部オクラホマ州（タルサ）で三カ月半ぶりにトランプ大統領は一万人集会を開催しました。コロナ対策で、若干空席があったのを一部メディアは揶揄していますが、熱気は十分感得できました。空席は、民主党が自前の予約で意図的・計画的につくり出した事が分かりました。

坂東　米民主党や中国共産党からすれば「不幸中の幸い」ですね。もっともトランプ政権より、習近平王朝のほうが先に崩壊する可能性もある……。

藤井　私は、多くのチャイナ・ウオッチャーと違って、経済的失敗が即中国共産党支配体制の崩壊に結びつくとは考えていません。この国は建国以来、「大躍進」や文革などで何度も大失敗を重ねて、それこそ千万人単位の餓死者までだしてきた。それでも支配体制は揺るがなかった。その共産党独裁体制はプロパガンダ能力の強化によってますます磐石になっています。

その点、民主国家アメリカでは、前述したとおり、ミネソタ州でジョージ・フロイドという黒人が白人警官に暴行を受け殺害されたということへの抗議デモが全米で展開され、選挙にも影響が出るのではないかと言われたりもしました。抗議運動が「アンティーファ」や「ブラック・ライブズ・マター」と呼ばれる極左テロ集団の煽動によって暴力沙汰になりました。彼らの究極の目標は中共と同じくトランプ大統領の再選阻止にあります。騒乱状態を引き起し、法と秩序を破壊しようとする。それによって「人種差別主義者のトランプが悪い」というイメージを作り出そうとしている。バイデン候補の選挙スタッフは、暴動で逮捕された人間の保釈のために献金しています。

坂東　こういった国内のリベラル勢力やそれを煽動する左翼マスコミとの戦いが、今回もトランプを苦しめはするでしょう。

藤井　そうなりますね。民主党も、予備選挙の初期はサンダース氏が快調でしたが、やはり民主党のエスタブリッシュメントがサンダース氏では、あまりにも左過ぎて本選挙では必ず負けるということで、中道といわれているバイデン氏が民主党候補になったわけです。

バイデン氏は七七歳で本当にオールド民主党を代表する人物です。この歳まで大統領候補になれなかったというのは、それなりに理由はあります。非常に口は軽いし失言問題をよくやる。さらにおカネの問題でもウクライナや、中国からダーティマネーを受け取っていました。厳密にいうと、バイデン氏の息子のハンター・バイデン氏が外国勢力に買収されていたのです。本来なら、トランプ大統領としては闘いやすい相手ではないかと思います。加えて、バイデン氏には少々老人ボケが始まっているとの観測もある。

それからバイデン候補は非常に親中国的な人です。この人がアメリカの大統領になったら、日本はものすごく困ります。さすがにバイデン候補は中国寄りだと知られてきましたから、今のところはそのため、中国寄り発言は聞こえてきません。しかし、すでに「中国人はすべて、いい人だ」とか、米中の経済問題では「トランプが悪い」とか発言しています。息子のハンター・バイデン氏はチャイナ企業から巨額の報酬を得ていました。バイデン氏にとって、おカネをくれる中国共産党の幹部たちはみんないい人だというわけでしょう。ただ民主党議員たちの多くも反中姿勢ですが、そのトップが中国共産党との関係を修復したいというのでは、アメリカ議会も日本政府も困るわけです。

バイデン氏が万が一にも大統領になれば親中的に態度を豹変させるでしょう。彼が副大統領の時にチャイナに息子のハンター氏を連れて行って、チャイナとは濃密な関係となったのです。自民党元総理の福田康夫さんみたいな親中派と思えばいいのです。

中国はバイデンファミリーを買収したも同然です。今度の大統領選挙は米中の代理戦争と見てもいい。CNNなどリベラルなメディアはバイデン候補を応援しています。これをまともに信じている日本のメディアはバイデン候補に人気があるように報じています。しかし、バイデン候補はほとんど「終わった人」です。ただ、選挙までの数カ月、何が起こるか分からない。

ホワイトハウスがチャイナに乗っ取られる？

坂東　たしかに、世の中「ネバーセイネバー（ありえないことなんてない）」ですよね。一寸先は闇。前回はトランプが当選するなんてそんなバカなと言われていたのに当選した。同じことがバイデンに起こる可能性もゼロとはいえないかもしれません。

アメリカはよく失業率が大統領選挙の行方を左右すると聞いたことがありますが、この点はいかがですか。

藤井　今回の大統領選挙については、コロナ以前は通常の状況を想定して失業率五％以下でしたらトランプ大統領の再選確実で、五％以上なら黄色信号が灯るという話をしてきました。が、コロナ以降は非常事態なので、その法則は通用しなくなりました。

ハッキリいって現在失業率が一〇％以上に跳ね上がっていますが、トランプ大統領が危機管理能力を発揮して立派にコロナ不況と闘っていると、国民が判断すれば再選できます。

非常事態宣言を出して実行するのは各州の知事ですが、トランプ大統領は彼らとも連携をとりながら、対策を矢継ぎ早に打ち出しています。経済政策も早い段階で第一弾を表明して、アメリカ国民に四月中に小切手を配ったわけです。大人一二〇〇ドル、子ども五〇〇ドルの現金が届きました。これは第一弾ですが、第二弾、第三弾も考えています。

ただ今回の「武漢ウイルス」が収まれば、トランプ大統領の人気は上がりますが、その反対に死者数がさらに一段と増加し、「武漢ウイルス」の収束が長引けば、大統領批判につながっていくと思います。その時はバイデン氏に、指摘したような問題がいろいろとあっても大統領に当選してしまう可能性は微《かす》かにとはいえあります。

これだけアメリカで「武漢ウイルス」感染による死者が増えるとトランプ大統領の再選は必ずしも楽観はできません。経済を早く動かしてしまうと、十一月選挙の前に感染拡大第二波が起きる可能性は否定できません。そうしたらトランプ大統領は落選するかもしれません。そうなると、アメリカがチャイナに乗っ取られてしまうことになります。

坂東　最悪のシナリオですね。

藤井　アメリカのペロシ下院議長は、一応反中派と日本では見られていますが、一月三一日にトランプ大統領がチャイナからの全面入国禁止を実施したとき、「そんなのは人種差別で、けしからん」「私はサンフランシスコのチャイナタウンに行って食事をしよう」とか言っていた。バイデン候補も人種差別的な政策だと指摘していました。

ところが、今になって「一月三一日の全面入国禁止は遅すぎた」などと二人とも批判しているのです。日本の野党みたいで、まったく無責任です。

表向きは現在、チャイナを「よし」とするわけにはいかず、今でこそ「けしからん」といっていますが、コロナウイルスが収束したら親中むき出しにコロコロと変わる可能性が高い。日本ではトランプを嫌いな人もいるでしょうが、好き嫌いの問題ではありません。アメリカでトランプが再選できなければ、ホワイトハウスがチャイナに乗っ取られてしまうのです。そうなれば、日本はものすごいピンチになります。トランプと親和性の強かった安倍政権も同様です。

五月二七日のロイター通信によると、バイデン候補の陣営がトランプ大統領の新型コロナウイルス対応で全面的な攻撃を仕掛け、それが功を奏している格好で、バイデン候補の支持率が上がっています。ロイター／イプソスの世論調査ではバイデン四七％、トランプ大統領三九％です。「バイデン氏は新型コロナウイルスの影響でデラウェア州の自宅にとどまり、ほとんど注目されていないにも関わらず、トランプ大統領に対するリードを広げている」（ロイター通信）といいます。やはり、前回のように全米各地で熱狂的な支持者を糾合する集会がやりにくくなったトランプ大統領にとって、多少、きつい選挙戦となっているのは事実です。とはいえ、確率から賭けるなら「トランプ再選」のほうです。バイデン氏はもうボケが入っており、時々、意味不明なことを言って、周辺をヒヤヒヤさせています。マスコミは隠そうとしていますが、アメリカでは多くの人が知っています。

米中軍人を襲う「武漢ウイルス」

坂東　武漢ウイルスは、大統領選挙のみならず軍事戦略にもいろいろな影響を与えていますね。

藤井　このウイルスは感染力が強く、アメリカ軍、とりわけ海軍の間にあっという間に広がってしまいました。軍艦は三密の典型ですから。具体的にいうと西太平洋・東アジア地域に展開していた空母「セオドア・ルーズベルト」に感染者が発生してしまい、急遽、作戦行動は中止、一時期は隔離されていました。この空母には約四千人が乗船していますが、兵士は「三密」で行動しているため、一度、艦内で感染が発生したら、たちまち広がってしまいます。「ダイヤモンド・プリンス」号以上のことが起こるのです。感染者は当初、数人だったものが、たちまち数百人も感染者が発生してしまいました。

それからもう一隻、東アジアで展開している空母「ロナルド・レーガン」は横須賀港でメンテナンス中でしたが、ここでも感染者が出てしまったのです。つまり日本周辺に派遣されている二隻の空母打撃群がともに機能不全に陥ってしまいました。しかし六月下旬、この二空母は現役に復帰し、南シナ海方面に向かいました。

坂東　自衛隊も、この面で緊張感を持って対処しないといけないでしょう。

藤井　また、これに絡んで問題となったのは「セオドア・ルーズベルト」の艦長ブレッド・フレージャー大佐が、解任されたことです。艦長が作戦を中止して緊急避難を海軍の上層部に訴えたのは当然のことです。ただ、問題は緊急事態に関する上申書が、公開されてマスコミに知られることになってしまったことです。この公開によってアメリカ軍の弱点を、潜在敵国である中国側に知らせてしまったからです。「セオドア・ルーズベルト」を中心としたアメリカ空母打撃群が、どこで作戦行動を展開しているのかも明らかになってしまいました。つまり情報管理の原則を破ったということで、批判されたわけです。それは軍の用語で言うと、「指揮系統を乱した」ことになります。

自分のリクエストを上司だけに伝えればよかったのに、それを一般公開してまった。これが指揮系統を乱した。軍人としてはもっともやってはいけないことの一つです。私は今回の解任はやむを得ないと思いますが、海軍上層部の決断を促すために、あえて情報をリークしたという説もあります。

坂東　報道されていないのですが、人民解放軍内でもウイルス感染が広がっているのではないかと、言われています。私も集団生活を警視庁機動隊でしています。主力となる隊員は若い二〇代、三〇代で、みんな独身寮に住んでいます。どうしてかというと、有事即応のためです。隊員が都内の独身寮にいれば、何かあった場合、すぐに出動できますからね。

そして寮では隊員が順番でメシを作り、大きな声を出して訓練をし、訓練が終わると今度は部屋で酒盛りが始まったり、先輩と飲みに行ったりします。ですから、ひとり感染者が出たりしますと、あっという間に広がります。病院の院内感染みたいなものですよ。そのような集団生活を解放軍もやっている。だから、一月二日から解放軍の海軍工程大学では、来校者全員の体温を測って、三八度以上の人は隊舎に入れないようにとの通達を出しています。

裏付けは取れないのですが、どうも中国のフリゲート艦や、空母でも感染者が広がってしまったようです。とくに、主力となるべき若い士官は、独身寮で集団生活をしていますから、感染は瞬く間に拡大したと見られます。そうすると、アメリカ軍だけではなくて、中国軍も同じでかなり深刻な状況になっていると推測されます。

ただ中国軍と、アメリカ軍とは考え方が違います。ウイルスで何人もの兵士が倒れても死んでも構わない、そのように考える上司が中国軍にはいるわけです。もともと中国軍は兵士や、人民の命を軽んじています。驚くべきことに戦区編成後の空軍指令員（五つある戦区の幕僚長クラス）が「軍は積極的に戦争を仕掛けるタイミングを探さなければいけない」「それは大国の軍としては当然なことだ」という論文を書いたり、公的に発言したりしています。

今、アメリカ軍は弱っています。この時だからこそ、中国軍はチャンスとばかりに虎視眈々と尖閣諸島を狙っています。日本の自衛隊はこうした状況を勘案すると今こそ、存在を強烈にアピールするタイミングではないかと思います。

藤井　軍は団体生活が基本ですから、「武漢ウイルス」は急速に広まってしまいます。アメリカ軍は現在、二メートルぐらい兵士の間隔を取ること（ソーシャルディスタンス）を徹底的に行っています。

坂東　日本も、中国とはもっとソーシャルディスタンスを行なうべきですよね（苦笑）。

きな臭くなった尖閣、風雲急を告げる北東アジア

坂東　こうした中、アメリカ海兵隊は全面的な組織再編を計画しています。「中国封じ込め」を最優先する措置だそうです。南シナ海や、東シナ海などで中国軍の覇権的な行動を封じ込めるため、海兵隊の全面的な組織再編を柱にした、一〇カ年計画を策定しスタートさせました。

中東でテロとの戦いに軸足を置いてきた従来の戦略を転換し南シナ海、東シナ海周辺の島嶼部を拠点に、中国海軍の封じ込めを最重要課題に位置付ける内容です。海兵隊が三月末、ワーガー総司令官名で公表した再編成文書「ホースデザイン――戦力設計二〇三〇」

によりますと、海兵隊はトランプ政権が二〇一八年に発表した「国家防衛戦略」に基づき任務の重点を、内陸部での対テロ掃討作戦からインド太平洋地域でのアメリカの戦力的競争相手である中国とロシアへの脅威への対処に転換したことを明らかにしました。

特に中国による海洋派遣の活動を睨み、海兵隊の本来の任務である上陸作戦など沿海部での作戦行動を重視し、海軍を支える前方展開部隊として海軍との統合を強化するとのことですが……。

藤井　この再編はちょっと遅きに失した感があります。が、海兵隊は中国を仮想敵国として全面的に組織替えをして、総員数はやや削減されます。総員数は一八万人強から一七万人前後に減らしますが、それと同時に、非常に大胆な組織替え、部隊編成を実行に移します。たとえば、これまで海兵隊に戦車部隊がありました。敵地に上陸させたら戦車を走らせる作戦でしたが、この戦車部隊は廃止し、それとともに橋を架ける施設部隊や工兵部隊も全廃する計画です。

そして、部隊を非常に小さなグループに分けます。南シナ海を紛争の最前線と想定して、島に敵前上陸するのが海兵隊の本来の役目です。そして移動しながら敵の艦船、航空機を攻撃するのです。その時、たくさんの小さな部隊が同時に敵を攻撃するのです。中国軍側にアメリカ海兵隊の位置を特定し攻撃させないことが狙いです。複数のユニットが複雑な動きをしますから、中国軍は攻撃の的を絞りにくいので、非常に闘いづらくなります。

それから、中国の第一列島線上に向けて、アメリカ軍が地対空ミサイルと、対艦ミサイルを配備することになりました。これに関連した予算の増額を国防省は求めています。このミサイル配備は陸軍の役割になります。これまで、南シナ海において想定される戦争は「エア・シーバトル」、空と海でした。つまり空軍と海軍、海兵隊の戦いで陸軍の出番がなかったのです。今回は、陸軍にも出番を与え、アメリカの四軍が揃って中国軍に挑むようになりました。やはり、アメリカ軍の中心の中心は陸軍です。なぜなら、陸軍はアメリカを独立させた立役者だからです。海兵隊も海軍も昔からありましたが、陸軍は兵士数も多く軍の主柱です。その陸軍の出番が回って来たわけです。

日本もそうです。かつて陸上自衛隊の主力はソ連の上陸を北海道で防ぎ叩くという目的で、最新鋭の戦車を中心に展開していました。しかし現在の脅威はロシアより、中国の方が差し迫っています。そこで南西諸島に陸上自衛隊を配備することになりました。ハリネズミのように対艦ミサイル、対空ミサイルを配備し、日本の南西諸島、尖閣方面の防衛を強化します。陸上自衛隊に中国軍の脅威を阻止する新たな役目が加わったわけです。

坂東　ワシントンの安全保障研究機関「戦略予算評価センター」（CSBA）の「日本の海洋パワーに対する中国の見解」と題する調査報告書（同機関上級研究員で中国海洋戦略研究の

権威、トシ・ヨシハラ氏が作成の中心）が話題になっていますね。

中国海軍が日本の海上自衛隊よりトン数でも戦闘能力でも大幅に優位に立っていて、今後、日本の尖閣諸島などへの侵攻シナリオに基づいて軍事行動を起こす可能性があるという内容です。解放軍が一三〇億元の予算で一四〇万着の防弾衣・特殊防弾衣を発注していることから、尖閣や台湾に対する上陸戦も視野に入れている可能性があります。日米安保体制を分断させ、尖閣占領にあたっては、米軍に介入をさせないシナリオを作成しており、場合によっては日本との全面戦争も想定し、その時は各種ミサイルの威力で日本の防衛体制を崩壊させる自信を強めているとのこと。もはや日本の防衛体制は、風雲急を告げています。

藤井　中国も武漢ウイルスでさまざまな面で弱体化を余儀なくされていますが、こと、北東アジアを見ると、軍事的には極めて危うい状況が生まれています。米中の総合的な軍事対立は危機的な水準に突入しています。もちろん、トランプ大統領と習近平国家主席が電話会談をした時には表向きには国際協調をしていこうと言います。たとえば、三月二七日のトランプ大統領と習近平国家主席の電話会談では、習近平氏は「私はアメリカの感染状況の発展に十分な関心を持ち、心配している。中国は残すことなくアメリカと情報や経験を分かち合う」と述べた一方、トランプ大統領は電話会談後に「我々は緊密に連携している。

（中国に）大いに敬意を払っている」とツイッターに投稿し、中国との協力姿勢を前面に出しました。

しかし、その後は表向きの関係でも米中間で激しい言葉のやりとりが展開され、いわんや水面下での米中対決は、ますます激しさを増しています。すでに目に見えるカタチでも緊張感が高まっています。トランプ大統領は「武漢ウイルス」の感染拡大に関して中国はウソをついているじゃないか、隠蔽したじゃないかと、堂々と非難しています。

四月一八日の記者会見でトランプ大統領は新型コロナウイルスのパンデミック化が「コントロールできない過失」なのか、あるいは「故意によるもの」なのか疑問を呈しました。中国共産党は二〇一九年十二月にはすでに新型コロナウイルスが「人から人への感染」を確認したにも関わらず、一月中旬になってもＷＨＯに「ウイルスの人から人への感染はない」と伝えた。トランプ大統領はこれに対して「中国政府が意図的にそうしたのならば、必ず責任を取らなければならない」と強調したのです。

さらに、五月一四日に放送されたＦＯＸビジネスネットワークのインタビューでもトランプ大統領はウイルス発生源について「（武漢の）研究所からであろうが、コウモリからであろうがウイルスは中国からきたものだ。その発生源で留めるべきだった」として、世界中の感染拡大の責任は中国にあるとハッキリ言いました。そして、「（中国とは）すべての関係を断つこともできる」と強い言葉で中国に警告を発したのです。

米中の戦いはますます過激化していく

藤井　そして、みんな、コロナ騒動ですっかり忘れていますが、二〇二〇年一月に署名した米中貿易協議の「第一段階合意」は、中国はアメリカから大量の穀物を輸入することになっていました。中国がアメリカから買うモノ（穀物など農産品）やサービスを二年間で合計二千億ドル（約二一兆円）増やすことが合意の柱です。この目標を達成するには今年一月〜四月までに農産品を七百億ドル、中国が輸入しなければいけなかった。しかし、実際はその半分にとどまっています。

これまでトランプ大統領は、この合意を「史上最大のディール（取引）」と宣伝してきましたが、「いまや『中国との関係を断ち切れれば五千億ドルを節約できる』と中国との断交という極論にまで言及している」（二〇二〇年五月一九日付、日本経済新聞）というわけです。この約束をもし中国が破れば、米中は絶交状態に陥るでしょう。

トランプ大統領は中国を世界の自由陣営の体制から完全に排除していこうとしています。繰り返しになりますが、中国は狡猾でマスクや人工呼吸器など援助物資を贈るから５Ｇではファーウェイを採用しろと各国に圧力を掛け、露骨な事をやってきたわけです。アメリカ・トランプ政権は、そういう中国を許しません。米中の戦いはますます、過激化していくというのが現実です。欧州各国もそこまで露骨な反中にはならなくとも、中国とのソーシャルディスタンスを取ることには前向きになりつつありますね。ただし、ドイツと中国の関係は親密です。

また、ＦＯＸテレビのビジネス番組に出た、ウィリアム・ロス商務長官が、アメリカ企業は中国からアメリカ本土に戻ってきていると発言しました。それは、中国において、かつて「人から人への感染」で怖れられたＳＡＲＳ、鳥インフルエンザが発生し、今回は「武漢ウイルス」の発生となり「二度あることは三度、四度ある」という認識を持ち始めたことが背景にあると指摘しています。このように新しい感染症が次から次に発生する中国は安定したサプライチェーンに組み込めないというのです。ロス商務長官は、そう判断するアメリカ企業が増えるのは当然だ、と結論付けています。

また単純にアメリカ本土に戻るだけではなく、賃金が安い国メキシコに工場を移すことも考えられると長官は見通しを語っていました。グローバル経済、ボーダーレス経済を進めたら、何でも効率がよくなるという考え方はもう時代おくれです。国境をしっかり守ってパンデミックが入ってこないようにして、国境をコントロールし、違法移民から国民を守るだけではなく、国民の健康を維持することも、国としての大切な役割です。

アメリカでパンデミック対策は国防マターになっています。アメリカ軍には生物化学兵器対策の危機管理体制が整っています。日本政府、日本企業は中国に対してアメリカ同様に厳しい対応を実践していく覚悟が求められます。

トランプが再選されれば、米国のチャイナへの締め上げはますます加速化していきます。万が一にも民主党のバイデン候補が当選すれば、人権問題で表面的にチャイナを批判しても、経済制裁をゆるめてしまうので、チャイナは息を吹き返してしまうでしょう。こうなると、日本はチャイナの属国的立場に落とされ、本当の日本の国難がやって来ます。

終章　信じるものは巣食われる「日中友好」

坂東忠信

今から六年前、市ヶ谷での天安門事件二十五周年の集会が行われた時だ。中国にゆかりのある人たちが次々に立ってあの騒ぎを回想し、中には戦車に蹂躙《じゅうりん》されて散った同士を偲《しの》んで、滂沱《ぼうだ》の涙にくれる者もいた。

多くの壇上弁士の演説から、会場は「天安門事件で中国の民主化は大きく後退した」というムードだったが、私はそうは思わなかった。

たとえ民主化したところで、中国は変わらない。中国人の国だからだ。中国共産党が堅持したいのは共産主義ではなく独裁主義であり、それは中国人の国民性によるものであって、中国が今の中国人の国である限り、民主的政権が確立されようが社会問題は好転しないのだ――。と、壇上からちらほら見える会場の中国人民主活動家たちに向けてそういう主張、ド直球を投げてみた。これは言論のデッドボールだ。が、その時、会場にいた民主中国陣線（中国民主化運動組織）の方から、後日連絡があって「ズバッと言ってくれて、ありがとう。私もそう思った」と御礼のメールが来た。また法輪功《ほうりんこう》信者もいて、「中国人が心から変わっていかないと駄目だ」と賛同してくれたのは印象的だった。中国人自身も気がついていた。でもそれを口に出すことは民族的自尊心を重んじる社会的同調圧力があって、なかなか精神的改革は進まない。

中国の歴代王朝を建ててきたのは、ほとんど異民族だった。漢民族の王朝、たとえば漢や明《みん》のときは国が乱れ、文化は廃《すた》れ、人心は倦《う》み、最悪の治世だった。

今の習近平政権はその最悪の漢民族政権で、不釣り合いな力を持ったせいで、その被害は国内にとどまらず、戦後は内モンゴル人民革命党の粛清による支配、さらに隣接するウイグル・チベットを侵略し、今や国境を接する一八の国々と水利、環境汚染問題など様々な国際問題を引き起こしている。これにはもちろん日本も含まれ、本稿執筆時点では世界最大のダムである三峡ダムの崩壊が危険視されている。これが崩壊すれば、上海が壊滅するだけでなく、汚染された水や多数の溺死体、ゴミが潮に乗って西日本側に流れ着き、次に難民が流れ着くからだ。

今の中国問題の根っこにあるのは、一党独裁体制の弊害と、現代中国人が中国共産党一党独裁社会で醸成してしまった国民性であることを日本は認識する必要があるだろう。

今度の武漢ウイルス騒動で、世界はあまりにも大きな傷を負った。アメリカは朝鮮戦争・ベトナム戦争の戦死者の合計を超える死者数を出し、経済が停滞し、リーマン・ショックを超える経済損失を被《こうむ》ると予測されている。中国に対して何かしらの落とし前を要求するのは当然だ。

この半世紀、中国にたかってきた米民主党も、態度を豹変《ひょうへん》させた。アリババ・グループ・ホールディングや百度《バイドゥ》など、中国企業が米証券取引所への株式上場を禁止する法案を全会一致で可決した。欧州も中国に対するこれまでの態度を見直し、声を上げ始め、激怒している。

いわば宣戦布告

中国が香港に国家安全法を導入したことで、六月三十日、スイス・ジュネーブの人権理事会では、日本とイギリス、カナダ、アメリカなど二十七カ国が、同法の施行に懸念を示す声明を出している。対中観の意識は大きく変化しているとみて間違いないだろう。

いわば中国に宣戦布告したようなものだ。ところが、中国はむしろ開き直り、南シナ海の南沙西沙の埋め立て島を国土に編入して領海に仕立て、台湾海峡で領海侵犯を繰り返し、東シナ海でも尖閣諸島周辺に中国海警局の公船が公然と入り込み、果ては日本漁船を三日間も追い回している。潜水艦が領海すれすれを航海したり、潜航したまま鹿児島県奄美大島北東を通過するほど図に乗っているため、日本側も潜水艦は中国のものであると異例の公表に踏み切った。情報の世界でも同じだが、普通はこちらが把握していることを相手に知らせることはない。しかし「お前らがやっているのは分かってるからな」とこちらの把握能力の手の内を明かしてまで警告しなくてはいけないレベルに中国は踏み込んでいるのだ。

こうした日本の細やかな抗議に、中国外交部の趙立堅《ちょうりつけん》は漁船を追い回した件についても「中国の領海に入ったから追い立てただけだ」と、抜け抜けとウソを言う。事実上、日本に戦争を吹っ掛けている。日本は最低でも大使を召還するところなのに、何の反応もしない。

折も折、四カ国声明に絡んで共同通信が「日本政府にも参加を打診されたが、日本は拒否した」と結構、意図的な誤報を流した。正しく言うならこれはもう誤報ではなく「嘘」と断定できるレベルだ。私は共同通信を直接あるいは間接的に操ったのは中国だろうと見ている。

今こそ日本はその旗幟《きし》を鮮明にすべき時だと私は思うのだが、肝心の新聞、メディアが野党以上に愚かで、ただ「戦争反対」「日中友好」「話し合いを」としか語らない。彼らが崇め奉る不磨の大典・日本国憲法にはこう書いてある。

「平和を愛する諸国民の公正と信義に信頼して、われらの安全と生存を保持しようと決意した。われらは、平和を維持し、専制と隷従、圧迫と偏狭を地上から永遠に除去しようと努めてゐる国際社会において、名誉ある地位を占めたいと思ふ。われらは、全世界の国民が、ひとしく恐怖と欠乏から免かれ、平和のうちに生存する権利を有することを確認する」

中国は「平和を愛する諸国民」の国だろうか？　国民がそうであったとしても、少なくともその指導者層は諸国民の自主積極的な信任を得ていない。つまり自然環境を破壊し、他国の領土を侵略し、自国民を弾圧し、この度は新型の武漢コロナウイルスを拡散しながら称賛を要求し、自らを優位に置こうと国際機関に影響を及ぼすような国は、明確にその前文から憲法の想定外であり対象外である。故に、憲法九条にその左翼的・教条的解釈を当てはめても「国の交戦権は、これを認めない」とする対象の国ですら無い。つまり国民の生命と財産と国益を護るため、防衛戦争を覚悟しなくてはいけない相手なのである。

そして現代中国人が構成するこの国が、少なくとも現段階に於いては友好に値しないこと、彼らの行動原理とはいったい何なのかといった点についてはタブーなしに深く、そして多角的に切り込み、分析するための情報提供が必要だ。そのためにはそのリアルな姿を、もっと鮮明に報道しなければいけない。それなしに相互理解は不可能であり、またそれこそが相互理解の先にある日中友好の手がかりを探る第一歩でもあるはずだ。

私は警視庁通訳捜査官として、過去、約千四百人の中国人を取り調べたが、そのうち三分の一は犯罪者だ。「犯罪者ばかり見てきたから、坂東の中国人評価は偏っている」と批判されることがあるが、そうではない。

中国人はツテ・コネを生かして仕事や住居を探すので、犯罪者の参考人も、すべて中国人。中には密航者も混在しながら、何食わぬ顔で普通に生活していることが多々あった。彼らは密航や不法滞在に関しては違法であるが犯罪ではない、と言う。他国の「法の尊厳」や、それを多数が犯すことによる社会的混沌状態の発生といった大局的・客観的・国際的視野がない。オレ一人くらい問題ないだろ？　という感じで、そしてそこに悪気さえなかったりもする。

ずる賢く、礼節を欠く

外国人が携帯を義務付けられている在留カードは、本来ならマイナンバーと同じシステムを備えているのだが、当時の「外国人登録証明書」にはまだそのシステム機能はなく、密航者のほとんどは福建省から渡航して、当然、パスポートや外国人登録証は偽造のものを所持していた。私が現役だったころは、それほど精巧なものではなかったが、だんだん精度が上がってきた。一五年ほど前からホログラム付のものができて、真偽の見分けがつきにくい。おまけに中国人がつくるニセモノは漢字の間違いがあまりないので、中国人のみならず、複数の国の不法滞在者たちにも人気が高く、また価格も高い。さらに偽造組織が滞在延長手続きまで偽造し手数料を取る始末。こういった連中は東京ではなく、もう一五年以上前から地方に分散し数多く住んでいた。地方は警察官が少ないため、犯罪に気が付くまでに時間がかかることもしばしばだった。

天安門事件（一九八九年）で、中国の国際的評価は地に堕ちた。中国は失地回復しようと、天皇、皇后両陛下の中国のご訪問を画策、九二年、それを実現したときの中国の首相が李鵬だった。先日対談した髙山正之氏によると、それから二年後、李鵬がオーストラリアの首相、ハワードに会ったとき、次のように語ったという。

「今の日本の繁栄は一時的なものであだ花です。その繁栄をつくってきた世代の日本人がもうすぐこの世からいなくなりますから、二十年もしたら国として存在していないのではないでしょうか。中国か韓国、あるいは朝鮮の属国にでもなっているかもしれません」

あれだけ日本の世話になっておきながら、全くの恩知らずは中国人の共通する性格だとしても、仮にも首相格の男が、天皇に拝謁《はいえつ》の栄に与《あずか》りながら外交辞令も知らず、ここまで傲慢になって恬《てん》として恥じない。無礼傲慢の李鵬は中国人そのものを象徴していると、高山正之先生も憤慨していた。

また朝日は、二〇一九年、李鵬が死んだとき、「1989年の天安門事件では、首相として戒厳令公布や学生らの弾圧に踏み切った党指導部の判断に深く関わった」という記事を掲載した（七月二十三日付）。なんとも上っ面をなでた程度のご紹介だが、多くを殺して涼しい顔をしていられる李鵬の素顔を書くべきだ。それは中国人にも中国指導者にも共通するものだ。

周恩来にしても、ナンバーツーの位置にいながら、田中角栄と会談したとき、「これ（尖閣問題）を言い出したら、双方とも言うことがいっぱいあって、首脳会談はとてもじゃないが終わりませんよ。だから今回は、これは触れないでおきましょう」と言っている。角栄は、周の発言を聞いて唖然《あぜん》としたという。首脳会談を蹴って、さらに星一徹宜しく机をひっくり返し、帰って見せるべきだったのではないかと思う。そして日本はその曖昧にしてナアナアな関係と波風を立てない「大人の対応」で今に至った。その結果、今や海軍力でも自衛隊を圧倒せんとする中国の尊大な自己アピールと、日本国民への脅威を許しているのだ。中国人犯罪者と、中国政府の幹部との違いは何かを私なりに考え、結論に達したことがある。それはひと言、ネクタイをしているかどうかだけだ。言っている内容や、その根底にある考え方は何も変わらない。

二〇一〇年、愛媛県西条市でも、中国人の造船工実習生が六〇代の日本人男性を滅多刺しにした殺人事件が発生した。しかも、犯人は被害者の心臓を切り取り、持ち帰っていた。黄文雄先生に聞いたところ、どうやら人民解放軍は心臓の取り出し方を教えているとか。倒れた死体の左の鎖骨付近に切り込みを入れ、腹を思いきり踏みつけると圧力で心臓が飛び出す。中国人にとって、心臓を切り取る行為は、恨みを晴らす一番のアピールになるそうだ。日本の一部を支配下に入れた場合、例えば、もし沖縄を手に入れたとすれば、まさに刺して踏んづけて心臓を取り出すような国家戦略を実行に移すと私は考えている。今、中国は侵略し支配下に収めたウイグル人やチベット人に対して様々な弾圧を行っているから言うのである。

日中友好なんて信じない

相手の行動原理を理解せず、理解するための事実を知らず、知ろうとしてもその情報が得られない。そんな状況下、理屈だけで相手の反応を予測し外交交渉をしたところで、次の手を読むことができるわけがない。中国人はケンカをするとき、相手を徹底的に負かす。ケンカの始まりから日本人とは違う。胸ぐらを掴むのは怒りを伝えるためではなく、殴りやすくするためだ。かつて取り調べた強盗に「なぜ強盗に入って脅しもせず、いきなり刺したのか？」と聞けば「痛みを与えなければ言うことを聞くわけないだろ？」と答える。「俺はまだいい中国人だ！　他にも悪い奴らはたくさんいる！　俺は強盗以外、他に悪いことをしたことがない！」と真顔で切り返す。政治レベルにおいてそうなってはもう手遅れなのだ。

そこまでするのは歴史・文化の成り立ちに起因しているのではないか。たとえば、町のつくり方一つとっても日本人とは違う。日本の城下町は、城郭の外に町や農家が存在するため、戦《いくさ》が始まるとなれば農民は山に逃げ、敵軍が荒らした田畑の損害を埋めるために戦の成り行きを見て、落ち武者狩りで武具を奪うタイミングを見る。それが「高みの見物」という言葉の元であり、城に立てこもって戦いに加わるのは一部だ。そして籠城戦になって敗北が決定的になっても、城主が腹を切ればその家臣や家族も許され、敵の配下に加えられ保護される。

ところが、支那大陸での戦や城の状況は違う。より多くの戦力を必要とし支配管理下に置こうとするため、町を丸ごと城の中に取り込んでこれを守り、敵の襲来に対しては農民も戦力にしていた。だから中国では都市を「城」と表現する。都市＝城であり、日常生活そのものが戦いだ。そしていざ戦争となると、軍人は軍人としての自負はあっても哲学がない。日本のように武士と山賊、やくざ者が明確に分かれておらず、多くの勢力が梁山泊的な発展によって権力を取っているからだ。そのため敵対する武人どうしが思いやる「惻《そく》隠《いん》の情」もへったくれもないし、城壁の中に突入したら一般住民たちも敵国人なので、皆殺し戦になる。

南京城も幅二十メートルほどの城壁が二重に張り巡らされていて、その上を車や馬車が走れるほどだ。こういった歴史や文化、社会や生活地域のあり方の違いから、敵に対する処遇方法が日中では異なっていると思われる。

ネット工作員の暗躍

中国人は、日本国内でもさまざま組織づくりを進めており、ほぼ完成している。二〇〇八年の北京五輪の際、オリンピックの聖火ランナーが善光寺《ぜんこうじ》に向かっていたとき、日本在住チベット人と、チベット人弾圧に反対する日本の保守系の人々がチベット国旗を持って聖火ランナーの走る街道に立ち並んでいた。そこに多くの中国人が中国国旗を持って襲撃。日本人を巻き込んでの大乱闘騒ぎへと発展した。

このとき、中国人の多くは留学生で、組織立った動きを見せた。約五千〜八千人が集まり、日当五千円と弁当が出たそうだ。各大学の中には学友会があり、そこを指揮していたのが、駐日中国領事館に人員を派遣している教育部（中華人民共和国国務院に属する行政部門。教育、言語、文化事業を管轄する）だ。教育部には、人民解放軍上がりが必ず存在していて、学生たちを洗脳・指揮する。長野のときも裏で教育部が糸を引いていた。

もう一つ、本書でも述べた、ネット工作集団、「五毛党」（正式名称：網絡評論員）も大きな注目を集めている。中国共産党を利する書き込みやコメントを書いたり、反共産党的発言をした書き込みを報告したりすると、一件につき五毛（〇・五元≒七円）支払われることから、五毛党と呼ばれている。当初は確固たる組織があったわけではなく、地方行政が組織した集まりにすぎなかったが、二〇一八年以降、中国共産党政法委員会によって「政治法制ネットのための鉄の部隊をつくり運用することで、ネット上での意識形成闘争に打ち勝つ必要がある」として正式に組織化し、その地位を確立した。今や『人民日報』に、五毛党の詳細が紹介されるほどだ。中国からすると暴動やテロで国が混乱する前に、ネット上で反政府の芽を見つけ出し、摘んでおくことは、治安維持のために望ましいと考えているようだ。

中国の傲慢や悪あがきを伝える書き込みがあると、即座に中和するような内容が投稿される。たとえば、中国のサプライチェーン（供給網）を切り離すべき時だ、と書かれると、「そうは言っても」とバランスをとる意見や「悪いのは共産党であって中国人ではない」という問題中和のきっかけを作る者や、「中国を差別するのか？」といったカウンター的反論が山と出てくる。そこに五毛党の活動を感じることがある。そのアカウント名が「@＋ピンイン」であったりするからだ。ネットだから、全世界にどこからでもアクセスできる。養成プログラムも存在しており、知識習得に二日、実践演習に一日、計三日をかけてトレーニングするという。

新時代の世論誘導

工作員の数は現有勢力で、高校《ガオシャオ》（日本で言う高卒後の専門学校学生）部隊が約三九九万五千人、一般人が約六五〇万三千人、合計で約一〇四九万八千人との資料がある。高校の学生は、アルバイト感覚でやっているのだろう。

もう一つ、気になるのが孔子学院だ。いったい何を教えているのか、実態がまったくわからない。アメリカではどんどん廃校になっているが、日本では早稲田大学や立命館大学をはじめ、全国各地に存在している。この孔子学院に入学できるのは、中国人以外の学生で、中国人が語学を教える。教材の中に中国共産党政権の正当性が盛り込まれているという噂がある。さらに日本人が日本語で投稿すれば全く怪しまれないことから五毛党のような働きを期待されている可能性もある。

検察庁の定年延長を盛り込んだ検察庁法改正案が浮上したとき、芸能人や著名人が

《#検察庁法改正案に抗議します》というハッシュタグをつけて、SNSで拡散した。その現象に対して、朝日が六八〇万件のツイートがあったと報じた。でも、芸能人だけだったら、数なんてたかが知れている。しかし彼らはまさにその言動を絶対に支持するファンがいて、その一部は信者的な存在だ。実際に「一万二千のアカウントがリツイートした」とも分析している。

女優の裕木奈江《ゆうきなえ》さんが「そういえば今回のハッシュタグ作ったの誰？」（五月十日）とツイートしたところ、福島瑞穂氏の夫で人権派弁護士の海渡雄一《かいどゆういち》氏の名前が浮上してきた。この名前を聞いたとき、私は至極納得した。海渡氏は中国の対日賠償訴訟で貢献した五百人の弁護士リストの一人として、事務所所在地もろとも掲載されていたからだ。今回は親中派弁護士の要請で拡散した可能性がある。ただ、それに芸能人が乗っかってしまうのは、恐ろしい。今回のハッシュタグ騒動を引き続き調べて、背後に五毛党の存在がいるかどうか把握するべきだ。このハッシュタグを「民意の反映だ」などと強調するのは疑問だ。ネットリサーチや書き込み専門の会社もあって、流行らせたいハッシュタグがあったら、お金を払ってその業者に頼むと、機械的にリツイートできるのだから。

今回の場合、最近できたアカウントがたくさんあったようだ。批判されたら、すぐに削除したり、運動のために新規アカウントを作成して、盛り上がったら、サッと消す。ある五毛党党員の作業風景がネット動画に出ていたが、机の上に携帯端末が数十台置いてあり、特定の記事に「いいね」を押すと、時間差で「いいね」が押されていくように設定されている。リツイートも同じやり方だ。

日本に来る留学生は年間約三十一万人だが、そのうち、中国人留学生が約十二万五千人（二〇一九年五月一日時点）。スマホ時代、基本的に一人が少なくとも一つ、あるいは複数のSNSアカウントを持っているのが当たり前だ。この留学生たちが日本国内で何らかの活動をしている可能性は十分あり得る。たとえば十二万五千人全員ではなく、十万人だとしても複数アカウントであれば大きな数になる。影響力があるし、世論誘導も簡単だ。

不法難民を阻止せよ

中国共産党政権は一九五四年、中国人民解放軍政治工作条例を制定し、その中で「三戦」という概念を打ち出した。その三つとは「心理戦」「世論戦」「法律戦」のこと。人の心理に働きかけ、世論を形成、法律の解釈を自分たちの都合に合わせて確立する。

日本人は本当にお人よしだ。コロナ後、中国と欧米の対立は先鋭化することは間違いない。私は日本が欧米の流れに乗るべきだとは言わないし思わない。日本は日本独自の姿勢を示すべきで、その根拠となるものの多くはいま中国に対して疑問を持ち始め中国と距離を置こうとする欧米の国々と一致することになるだろうと考えている。だが一つ難しい問題がある。中国が今回の戦いで敗北した際、多くの難民が日本にやってくる可能性があるのだ。

福建省からボロ船に乗っても、潮の流れで一週間から十日ほどで太平洋側沿岸にたどり着くことができる。実際に私も警察時代に多数取り扱ったが、貨物船のバラストタンクに隠れて密入国する事も考えられる。

日本は法整備を含め、難民対策を進める必要がある。尖閣諸島に領海侵犯するような国の難民は受け付けませんとか、日本国内における検挙件数などを加味し、難民受け入れの条件を設定する。また過去の事例に基づき国民の安全を守るため、受け入れ基準を法に定めて明確化することが急務である。過去に日本国内に於いて外国人勢力を組織的に運用し政治に影響を与えたことのある国からの難民は、たとえ難民であってもこれを受け入れるべきではない。このようにして、国民の生命財産の安全を第一に、日本独自の難民受け入れの線引きをする必要があるだろう。

藤井厳喜さんとの対談の本書が、心ある日本人の健全なナショナリズムと真の国際化にいい刺激を与えることを祈りたい。

藤井厳喜（ふじい・げんき）
1952年、東京都生まれ。早稲田大学政治経済学部政治学科卒業。クレアモント大学院政治学部（修士）を経て、ハーバード大学政治学部大学院助手、同大学国際問題研究所研究員。82年から近未来予測の「ケンブリッジ・フォーキャスト・レポート」発行。株式会社ケンブリッジ・フォーキャスト・グループ・オブ・ジャパン代表取締役。『日米対等　トランプで変わる日本の国防・外交・経済』（祥伝社新書）、『最強兵器としての地政学』（ハート出版）、『米中最終決戦』（徳間書店）、『米中「冷戦」から「熱戦」へ』（ワック）など著書多数。

坂東忠信（ばんどう・ただのぶ）
宮城県生まれ。1986年、警視庁巡査を拝命後、機動隊員、刑事として新宿・池袋などの警察署、警視庁本部で勤務。警視庁本部では主に中国人犯罪に関わる北京語通訳捜査官を務め、中国人犯罪の捜査活動に多く従事。2003年、警視庁を退職。作家として執筆・講演活動を展開、テレビ・ラジオなどにも出演し、ネット上で中国関連情報を分析・紹介する「坂東学校」を主宰している。著書に『中韓に食い物にされるニッポン』（文芸社）、「亡国の移民政策」（啓文社書房）、『移民戦争』（青林堂）などがある。

トランプの最後通牒《さいごつうちょう》
墓穴《ぼけつ》を掘《ほ》った習近平《しゅうきんぺい》

2020年9月10日　初版発行

著　者　藤井厳喜・坂東忠信

発行者　鈴木 隆一

発行所　ワック株式会社
東京都千代田区五番町4-5　五番町コスモビル　〒102-0076
電話　03-5226-7622
http://web-wac.co.jp/

印刷製本　大日本印刷株式会社

ISBN978-4-89831-825-6